MEHR ERFOLG BEIM Fliegenfischen

Hans-Peter
Kirchner

Neuausgabe

BLV

Die Deutsche Bibliothek – CIP-Einheitsaufnahme

Kirchner, Hans-Peter:
Mehr Erfolg beim Fliegenfischen / Hans-Peter Kirchner. – 2., überarb. Aufl., (Neuausg.). – München ; Wien ; Zürich : BLV, 1998
ISBN 3-405-15490-1

Bildnachweis:

Fotos:

C. Büchner:	S. 108, 109
N. Ebner:	S. 17
H. P. Kirchner:	S. 29, 33, 44, 45, 56, 67, 76, 79, 82, 87, 90, 91, 95, 101, 103, 105, 107, 112, 114
L. Kirchner:	S. 21, 47, 48, 49, 52, 53, 57, 60, 62, 71, 73, 78, 83, 93, 97, 100, 104, 106, 111
N. Lechner:	S. 86
Atelier Schnopfhagen:	S. 10, 37, 64, 66
S. Trummer:	S. 7, 26, 53, 56, 64, 70, 74, 75, 89

Zeichnungen: Hellmut Hoffmann S. 13 und 30;
alle übrigen von Friedrich Stadler, Salzburg

Zweite, überarbeitete Auflage (Neuausgabe)

BLV Verlagsgesellschaft mbH
München Wien Zürich
80797 München

Umschlagfotos: Hans Eiber (Vorderseite); N. Ebner (Rückseite)
Zeichnungen: Dr. Jörg Mangold
Umschlaggestaltung: Studio Schübel, Werbeagentur, München
Lektorat: Gerhard Seilmeier
Herstellung: Hermann Maxant

Gesamtherstellung: F. Pustet, Regensburg
Gedruckt auf chlorfrei gebleichtem Papier
Printed in Germany · 3-405-15490-1

Inhaltsverzeichnis

Vorwort

In einer Zeit, in der die Freizeit einen immer höheren Stellenwert bekommt, die Ansprüche auf Erholung vom Alltag wachsen, ist es für viele ein Bedürfnis, wenigstens für kürzere Zeit, in freier Natur der Angelfischerei nachzugehen. Kein Wunder also, daß auch die Zahl der Fliegenfischer ständig zunimmt. Fliegenfischen gehört zu den elegantesten, schönsten und aktivsten Angeltechniken. Außerdem ist sie die humanste und schonenenste Art, Fische zu fangen.
Aller Anfang ist aber schwer, auch Fliegenfischen will gekonnt sein. Besonders Anfänger finden sich in einer Vielzahl von Fachausdrücken und englischen Bezeichnungen für Techniken und Materialien oft nicht mehr zurecht. Aus diesem Grund entstand dieses Buch, das besonders Anfängern den Einstieg in die Fliegenfischerei erleichtern soll. Vor allem wurden unnötige Fachsimpeleien und Ausdrücke soweit als möglich vermieden. Fliegenfischen und das Erlebnis mit der Flugangel der nassen Waid nachzugehen, soll hier allein im Vordergrund stehen.
Beschrieben werden brauchbare Anleitungen von Wurftechniken: Werfen für Anfänger bis hin zum ›Dropping back‹, eine Wurftechnik für extreme Weiten. Auch Fliegenfischer mit Wurferfahrung können ihre Fähigkeiten verbessern.
Neben der Salmonidenfischerei erschien es mir aber besonders wichtig auf die vielen anderen Fischarten hinzuweisen, die sich ebenfalls mit Streamer oder Fliege fangen lassen. Dabei wurden auch die sehr wichtigen Punkte, die bei einem Angelurlaub in Skandinavien, Slowenien und insbesondere im Alpenraum wertvoll sein können, mit einbezogen. Auch findet der Leser in diesem Buch praktische Hinweise, die bei der Anschaffung von Ausrüstungsgegenständen für die Fliegenfischer nützlich sein können.
Bedanken möchte ich mich bei der Firma NDM (Niedermeier, München) sowie der Firma Fisherman A. Irenberger für die großzügige Unterstützung und bei meinem Freund Norbert Lechner, der mir bei der Entstehung dieses Buches beratend zur Seite stand.
Abschließend wünscht der Autor den Lesern noch viel Erfolg und schöne Erlebnisse beim Fliegenfischen.

H.-P. Kirchner

Ausrüstung des Fliegenfischers

Um keine andere Art des Angelns herrschen ein derartiger Kult und falsche Vorstellungen, wie im Fliegenfischen. Sicher hat für viele Anfänger die gesamte Flugangelei einen gewissen Geruch von Vornehmheit. Auch glaubt mancher Neuling, der sich erstmals mit dieser Art des Fischens beschäftigt und fast nur mehr englische Ausdrücke, »Wurfzampanos« über x-Meterwürfe und Metz-Hahnenbälge der A-Qualität fachsimpeln hört, in eine Welt, die voll von Spezialisten und Alleskönnern ist, eingedrungen zu sein. Sicherlich ist dementsprechend alles auf diese Art des Fischens zugeschnitten, beginnend bei Rute, Wurf, Schnur, Rolle usw. Dazu kommt, daß die Fliegenfischerei sehr variantenreich ist. Sie gibt dem einzelnen Fliegenfischer durch spezielle Techniken, eigene Fliegen, eigene Wurfart u. a. mehr Möglichkeiten, seine Geschicklichkeit unter Beweis zu stellen, als dies bei den vielen anderen Fischereiarten der Fall ist. Leider treibt dieses »Können« bei manchen Flugangler oft seltsame Blüten. Daß dies bei manchen Anglerkollegen sogar bis zur Überheblichkeit ausarten kann, ist bedauerlich. Dies alles aber sollte den Anfänger oder Neuling in der Flugangelei nicht allzusehr verwirren. Angefangen haben sie alle einmal, und es ist noch kein Meister vom Himmel gefallen.
Bei genügendem Studium der Angeltechnik (Ausrüstung, Insekten, Nymphen) und unermüdlichem Üben im Werfen ist das Fliegenfischen relativ problemlos für jedermann zu erlernen. Viele Anglerkollegen, die diese Zeilen lesen, fischen schon seit langem mit der Flugangel. Sie werden verstehen, daß wir hier dem Anfänger Mut machen wollen, teilzuhaben an den Erlebnissen und der Ästhetik des Fliegenfischens, das uns ja größtenteils schon bekannt ist.

Fliegenruten

Wenden wir uns erstmal dem teuersten Teil unserer Ausrüstung zu. Das Zauberwort zum Begriff Fliegenrute heißt »Kohlefaser«. Diese Kohlefaserruten haben das Fliegenfischen fast völlig verändert. War einst die »Gespließte« der Traum aller Flugangler, so ist es heute doch die Kohlefaserrute, die diesen Platz einnimmt. Kein Wunder, denn die Leichtigkeit des Materials und die zerbrechlich wirkenden Ruten (wie sie fertiggestellt meist auf Laien wirken), erlauben uns wesentlich weiteres und müheloseres Werfen, als dies bei der Fiberglasrute oder »Gespließten« (Bambus) möglich ist.
Bevor wir uns noch intensiver mit den Vor- und Nachteilen verschiedener Ruten beschäftigen, muß die **gespließte Rute** doch ein wenig in den Vordergrund gerückt werden. Mit diesen »Gespließten« wurde vor mindestens 150 Jahren in England bereits gefischt und durch die guten Leistungen hat sie unter Kennern nichts von ihrer einstigen Exklusivität eingebüßt.
Eine »Gespließte«, von einem erfahrenen Rutenbauer entwickelt, ist in Wurfeigenschaft und Steife Ruten anderer Materialien, außer der Kohlefaserrute, überlegen. Viele Fliegenfischer lassen es sich heute sogar etwas kosten, um eine besonders schöne gespließte Rute von dem einen oder anderen berühmten Rutenbauer zu erwerben. Wenn der Preis für die meist sechskantigen, aus Bambusspließen verleimten und nach langem Herstellungsvorgang gefertigten Ruten auch sehr hoch ist, läßt doch die nostalgische Schönheit des Gerätes und der eigene Reiz beim Werfen die Anhängerschaft der »Gespließten« eher wachsen.
Aus **Fiberglas** hergestellte Ruten kennt eigentlich jeder Angler schon vom Spinn-

Geräte und Ausrüstung für Fliegenfischer: Anglerhut (derzeit beliebte Form). – **Wathose mit Watschuhe** haben gegenüber Wathosen mit integrierten Stiefeln den Vorteil, daß bei dieser Kombination im Sommer die Neoprenhose gegen eine leichte Goretexhose ausgetauscht werden kann. – Erstklassige **Watstiefel** sind für Fliegenfischer unerläßlich. – **Ruten** (von links nach rechts): »Sage«, dreiteilig (Reiserute) im Transportrohr; »Lamiglas«, zweiteilig im Transportrohr; »Leichte« Fliegenrute, Klasse 5/6 und »Schwere« Fliegenrute, Klasse 6/7 von Fa. »Fisherman«; »Gespließte« Rute (privater Hersteller); Zweihand-Lachsrute, Fa. »Loop«. – **Fliegenjacke** mit **Holzwatkescher**. – Holzfliegenschachtel. – Geflochtenes **Vorfach**. – **Fliegenfett** mit Spender. – Zwei Marken-**Fliegenschnüre**. – **Rollen:** Holzrolle (kommt immer mehr in Mode vor allem zu gespließten Ruten, diese bestehen aus speziellem Wurzelholz und verziehen sich nicht bei Nässe, das Rolleninnere ist auf dem letzten technischen Stand). – Drei Einfachrollen mit erstklassigem Bremssystem – Automatikrolle in leichterer Ausführung (aber noch immer relativ klobig) – »Antireverse-Rolle« mit großem Fassungsvermögen (immer beliebter bei Lachsfischern). **Messer. – Lösezange. – Fischtöter.**

oder Grundfischen. Fiberglas-Fliegenruten werden nach wie vor gebaut und im Handel angeboten. Als die ersten Nachkriegsjahre vorüber waren, wieder mehr Geld im Umlauf war und die Menschen auch wieder Zeit zum Angeln aufbringen konnten, kamen Fiberglas-Fliegenruten so richtig in Mode. Manche Fiberglasruten, z. B. von der Firma Hardy hergestellt, sind zwar gute Geräte, doch sogar diese, im Rutenbau erfahrene Firma, konnte das äußerst ungünstige Nachwippen der Rute bei weiten Würfen nicht beseitigen. (Der Grund liegt in der Beschaffenheit des Glasfasermaterials.)

Einen wirklichen Fortschritt an Steifheit und Gewichtsersparnis gegenüber anderen Materialien gibt es wie gesagt nur bei den **Kohle- und Borfaserruten** (Boron). Das Borfasermaterial ist ebenso wie Kohlefaser von großer Steifheit. Borfaser ist durch die aufwendige Herstellung wesentlich teurer. Gegenüber einer Kohlefaserrute läßt es sich jedoch auch mit einer Boronrute nicht besser werfen. Zu Beginn gab es diese Ruten nur in schwarz, mittlerweile sind Kohlefaserruten in verschiedenen Farbtönen erhältlich. 98%, ja sogar 100% Kohlefaser entsprechen selten den Tatsachen. Bei der Herstellung von Ruten wird meist noch anderes Trägermaterial mitverarbeitet. Außerdem gehen beim Aushärten des Rutenrohlings noch weitere Kohlefaseranteile verloren. Mit 80% bis 90% Kohlefaseranteil in der fertigen Rute kann der Käufer zufrieden sein. Doch, lieber Anglerkollege, hier ist beim Kauf Vorsicht geboten, denn viel Unerfreuliches hat sich in dieser Beziehung in den letzten Jahren auf dem Rutenmarkt abgespielt. Leider lassen sich Ruten mit hohem Kohlefaseranteil nicht preisgünstig herstellen (Ruten aus Fernost).

Bei den heutigen Ruten wird auf ein steifes Rückgrad großer Wert gelegt. Dies wurde erst durch den Werkstoff Kohlefaser möglich, der die Rute nach Fertigstellung trotzdem nicht schwerer werden läßt. Das ideale Gerät liegt zwischen Spitzenaktion und progressiver Aktion, wobei das steife Rückgrat bei Würfen großer Weiten notwendig ist. Ruten mit reiner progressiver Aktion würden bei 20 m Würfen wahrscheinlich schon durchschlagen, wie es bei den früher gebauten, parabolischen, langen Ruten schon ab etwa 10 m der Fall war. Reine Spitzenaktion ist ebenfalls nicht günstig.

Um bei dem für den Anfänger besonders verwirrenden Angebot an Fliegenruten, welches der Handel bereit hält, klarzukommen, orientieren wir uns an den Namen bekannter Rutenhersteller wie Hardy, Orvis, Fenwick, Sage, Lamiglas, Fisherman um nur einige zu nennen. Sie alle haben in ihren Katalogen **Ruten der Klasse 5/6** und der »normalen« Länge von 2,45 m (8 ft). Auf das Wort »normal« soll hier besonders Wert gelegt werden, zu viele Prediger im Fliegenfischen, speziell das Werfen betreffend, wissen genau, daß die Rutenlänge die sie vorschlagen, die Beste und einzig Wahre ist. Hier, liebe Anglerkollegen, lassen sie sich nicht irritieren. Daß man mit einer nur 1,80 m Rute, wenn man nur lange Zeit damit übt, die gleichen Weiten wie mit einer 2,45 m Rute, wie sie vorgenannte Firmen anbieten, erreichen kann, ist ohne weiteres möglich. Es ist jedoch bei weitem anstrengender und schwerer, besonders wenn man erst am Anfang des Fliegenfischens steht. Daß große Firmen sich nicht auf diese Kurzruten (typisch österreichische) eingestellt haben, hat mehrere Gründe. Bei den Kurzruten dient der Unterarm als Verlängerung beim Wurf. Allein dadurch ist das Werfen mit diesen kurzen Ruten für Anfänger nicht annähernd so leicht zu erlernen, wie mit den herkömmlichen längeren (normalen) Ruten (die gut 100 Jahre Erfahrung beinhalten).

Durch das längere Gerät ist es auch einfacher, die Leine in der Luft zu halten und durch deren Elastizität ist das Werfen bei weitem nicht so anstrengend wie mit dem kurzen und harten Gerät. Auch beim Anhieb selbst kommen die langen Ruten, wenn mit dünnem Vorfach (0,14 mm) gefischt wird, besonders Ungeübten, zugute. Das Vorfach wird bei weitem nicht so leicht abgerissen, wie es bei Kurzruten passieren kann.

Der nächste Punkt ist meiner Meinung nach an den Haaren herbeigezogen, denn, wer in einem stark verwachsenen Flußgebiet (überhängende Äste) mit einer langen Rute nicht zurecht kommt, der schafft dies auch mit einer um 30 bis 40 cm kürzeren Rute nicht. Der Unterschied beider Ruten ist zu gering, daß man einen Vorteil gegenüber herkömmlicher Ruten zu Gunsten der Kurzrute gelten lassen könnte. Das Fischen mit der kurzen Rute hat dennoch eine relativ große Anhängerschaft und wie manche meinen, eine besonders sportliche Note. Ohne einigen Könnern nahe treten zu wollen, bin ich wie schon erwähnt, trotzdem der Meinung, daß sich Anfänger nicht mit der Kurzrute abplagen sollten. Noch ein Hinweis zu den Kurzruten. Der harte Anschlag dieser Ruten kann durch einen **Schockabsorbierer** gedämpft werden. Dies ist ein Stück Gummischnur, das man zwischen Flugleine und Vorfach montiert. Es sieht aber geradezu lächerlich aus, wenn z. B. eine untermaßige Forelle an diesem so zusammengebauten Vorfach in der Luft hängt und auf und ab federt. Ersparen Sie sich und Ihren mitfischenden Anglerkollegen dieses Bild. Entweder man kann mit den kurzen Ruten fischen, was durchaus möglich ist, oder Sie bleiben besser bei einem Gerät, wie der von mir vorgeschlagenen 5 bis 6 Allroundrute 8 Fuß (2,45 m).

Die Bezeichnung der **Schnurklasse** ist bei guten, modernen Geräten immer auf der Rute (spezielles Zeichen) angemerkt. Steht auf einer Rute z. B. 5/6, so ist dies die für dieses Gerät erforderliche Schnurklasse (s. ›Die Fliegenschnüre‹ S. 13). Das bedeutet, wir beziehen uns bei der Wahl der Leine auf die an der Rute angegebene Bezeichnung (Klasse). Dabei spielt es keine Rolle, ob wir mit – Ausnahme Schußkopf – Sink Tip oder Floating-Leinen zu fischen beabsichtigen. Weniger geübten Werfern würde ich empfehlen, bei der auf der Rute angegebenen Klasse 5/6, die Schnurklasse 6 zu wählen, da sie sich, bedingt durch etwas mehr Gewicht, leichter werfen läßt.

Dem aufmerksamen Leser ist sicher schon aufgefallen, daß hier (als Beispiel) fast grundsätzlich die Klasse 5/6 erwähnt wird. Dies hat seinen Grund darin, daß in Mitteleuropa fast ausschließlich mit dieser Geräteklasse, egal ob in Mühlbächen oder größeren Flüssen, bei denen Würfe von 20 m keine Seltenheit sind, gefischt wird. Mit Windeinflüssen und großen Wurfweiten ist es fast ebenso, wie mit kurzen oder langen Ruten an sträucherverwachsenen Flüssen. Ist der Angler ein guter Werfer, so bereitet ihm der Wind kaum ein Problem. Jedoch bei einem schlechten Werfer ist meist schon ein »Lüftchen« hinderlich, selbst dann, wenn er mit einer Rute der Klasse 7 ausgerüstet ist, seine Fliege präzise zu plazieren. Natürlich gibt es auch Spezialisten, die für jedes Gewässer, etwas übertrieben ausgedrückt, ihr eigenes Gerät besitzen. Doch stellen Sie sich vor, Sie fischen zum Beispiel in einem größeren Revier, Fischereiberechtigte im Alpenland besitzen oft 50 km und mehr an Fischwasser, dort gibt es ruhige und breite Stellen im Fluß, kleine Zuläufe, Mühlbäche usw. Man würde einen eigenen Träger benötigen, um die verschiedenen Stellen mit dem speziellen Gerät zu befischen. Bei diesem Anblick würde man unwillkürlich an die Zeit zurückdenken, als das Fliegenfischen noch Privileg des Hochadels und der Reichen war.

Halten wir also fest:

Das Gerät sollte nicht zu kurz und auch nicht zu lang sein, 8 bis 8,5 ft; diese Länge ist auf unsere mitteleuropäischen Gegebenheiten ausgerichtet, sozusagen eine Allroundrute, der Klasse 5/6.

Ob dabei nun die **Rutenringe** aus Metall, mit innenliegendem Porzellanring, oder als Schlangenringe ausgebildet sind, ist dabei ohne größere Bedeutung. Sie müssen nur richtig plaziert sein, um eine gute Schnurführung zu gewährleisten, wobei dies bei einem Markengerät der bereits angeführten Firmen selbstverständlich ist.

Beim **Rutengriff** wäre zu erwähnen, daß es keine Rolle spielt, ob es sich dabei um den vielgerühmten Zigarrengriff oder um eine andere Grifform handelt, am besten sind meiner Meinung nach sämtliche Korkgriffe. Wenn der Angler den Rutengriff umschließt, sollte er ein Gefühl der Festigkeit in Verbindung mit dem ganzen Arm und nicht mit Zeigefinger oder Daumen haben. Diese dienen uns höchstens zur Führung, um minimale Schwankungen des Gerätes zu korrigieren.

Die Fliegenschnüre

Flugleinen, ob sinkend oder schwimmend, besitzen ein bestimmtes Gewicht und sind in **Klassen** eingeteilt, die sogenannte AFTMA-Scala*. Die Schnurklassenbe-

* AFTMA – ist die Abkürzung für: »American-Fishing-Takle-Manufactures-Association«. Diese Vereinigung amerikanischer Angelgerätehersteller wurde bereits im Jahre 1933 gegründet, um sich nicht gegenseitig, speziell in der Fliegenfischerei, das Geschäft zu ruinieren. Vorher gab es verschiedenste Bezeichnungen für Schnüre und Ruten in verwirrendem Ausmaß. Diese amerikanische Art der Gewichtsklassenbestimmung übernahmen auch die Europäer, so daß heute die Klassifizierung von Ruten und Schnüren weltweit nach der AFTMA-Scala ausgerichtet ist.

Verschiedene Schwimmeigenschaften der Fliegenschnüre

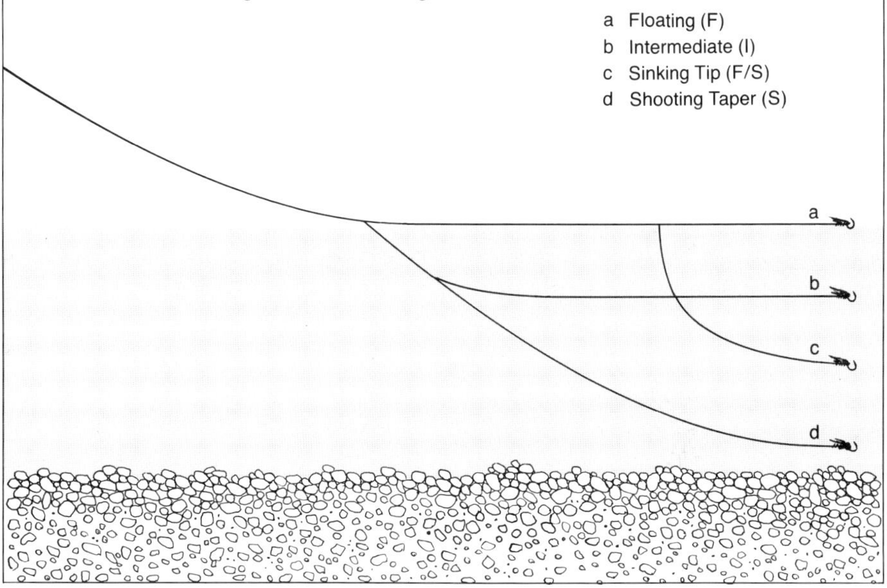

stimmung bezieht sich auf den ersten Teil (9,14 m) der Fliegenschnur. Der verjüngte vorderste Teil (3 m) der sinkenden oder schwimmenden Schnur, wird in die Gewichtsklassenbestimmung nicht einbezogen.

Im Handel beträgt die gebräuchlichste Schnurlänge 27,4 m (30 yds). Neben den verschiedenen Schnurklassen hat man sich auch noch für eine bestimmte Schnurform zu entscheiden:

- Parallelschnur; gleichmäßig stark-**L**evel
- Keulen- oder Torpedoschnur – **W**eight **F**orward
- An beiden Enden verjüngte Schnur – **D**ouble **T**aper
- Schußkopf – **S**hooting **T**aper.

Einige Beispiele der Buchstaben- und Zahlenkombinationen, die sich auf der Schnurverpackung befinden: **DT – 6 – F**

DT = doppelt verjüngt
6 = Schnurgewichtsklasse
F = schwimmend (floating)
oder **ST – 6 – S**
ST = Schußkopf
6 = Schnurgewichtsklasse
S = sinkend

Diese Bezeichnungen sind für den Fluganglер deshalb wichtig, weil man damit die einzelnen Teile der Gesamtausrüstung aufeinander abstimmen kann.

Für die von mir vorgeschlagenen, mittellangen Allroundruten der Klasse 5/6, angepaßt an den Alpenraum und die meisten mitteleuropäischen Flüsse, benötigen wir nur eine Fliegenschnur. Wir nehmen besonders für die Erstausrüstung eine Schnur der Klasse 6, DT doppelt verjüngt (wie sie die Fa. Cortland oder Hardy herstellt). Bei der DT-Schnur haben wir gegenüber anderen Schnurformen den Vorteil, daß wir die Schnur, sollte das vordere Ende verschlissen sein, einfach umdrehen und so mit dem hinteren Ende weiterfischen können. Dies ist bei einer Keulenschnur oder Torpedoschnur nicht möglich, da sich z. B. die »Keule« nur auf einer Seite befindet. Bei einer nur an einem Ende verjüngten Leine (Singleleine) befindet sich

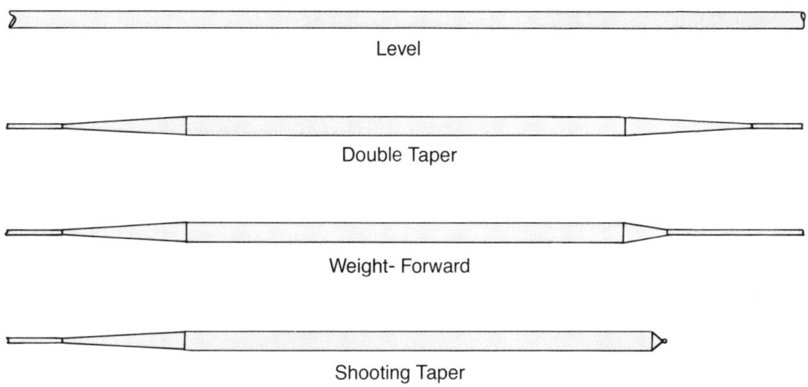

Verschiedene Formen von Fliegenschnüren

der konische Teil ebenfalls nur auf einer Seite. Besonders der Anfänger im Fliegenfischen hat damit seine liebe Not beim Werfen. Sie werden mir vermutlich Recht geben, wenn ich sage, sie würden sich wünschen eine Schnur zu besitzen, die wenigstens etwas leichter zu werfen ist. Viele Autodidakten, die im Angelgeschäft dann ihre Probleme vorbringen, gehen dann meist prompt mit einer Torpedo- oder Keulenschnur aus dem Laden, mit dem Hinweis des Verkäufers, daß es sich dabei um eine schnelle Leine handelt. Werfen muß man allerdings auch mit einer Keulenschnur erst erlernen. Diese Schnüre, einst ein großer Renner, haben für den Anfänger jedoch mehr Nach- als Vorteile. Man kann mit einer DT-Leine genau so gut und weit werfen. Bei einer Keulen- oder Torpedoschnur ist das Gewicht jedoch ganz nach vorne verlagert, wodurch es dem ungeübten Werfer passieren kann, daß zwar die Schnur schneller abzieht jedoch meist sehr unsanft auf dem Wasser ankommt. Damit verschreckt man nur die Fische.

Keulenleinen haben Vorteile bei den Kurzruten, die mit Doppelzug geworfen werden. Doch eine Menge Erfahrung und Übung ist dabei notwendig (s. Seite 26).

So wie bei den Ruten möchte ich Sie auch bei den Schnüren vor Billigware warnen, denn auch bei Markenschnüren ist die Herstellung sehr aufwendig. Leinen der untersten Preisklasse haben bei weitem nicht die Oberflächenbeschichtung und Gleitfähigkeit, wie dies bei Markenschnüren selbstverständlich ist. Auch haben diese günstigen Produkte oft genug nicht die notwendige Haltbarkeit.

Wir haben uns bei den Schnüren vorerst nur mit DT-floating Leinen beschäftigt, die in nicht allzu tiefem Wasser auch mit schweren Nymphen, Streamern oder mit kupferdrahtumwickelten Naßfliegen und ähnlichen verwendet werden können.

Mit **sinkenden** oder **Sink Tip-Leinen** fischen wir, wenn Naßfliegen, Streamer oder Nymphen unter Wasser angeboten werden sollen, wenn das Wasser über 1 bis 2 m tief ist und die Kunstköder nicht die nötige Eigenschwere zum Absinken besitzen. Sink Tip-Leinen sind durch ihren schwimmenden Teil relativ teuer, da die Herstellung genau so aufwendig ist wie bei den schwimmenden Leinen. Sie haben aber durch den schwimmenden Teil (hell gefärbt), eine optisch gute Verbindung in die Richtung, in der sich unsere Nymphe

am sinkenden Teil der Leine (Tip) befindet. Bei den Sink Tip-Leinen ist der sinkende Teil in zwei Längen erhältlich, und zwar 3 ft und 6 ft. Der Sink-Tipteil ist in fast allen unseren Gewässern völlig ausreichend. Schlechtes Absinken des Kunstköders korrigiert man dadurch, daß man weiter gegen die Strömung im Fluß wirft, diese drückt dann den Sink Tip und den Kunstköder in die gewünschte Richtung.
Dort, wo wir durch zu große Wassertiefe nicht mehr die Möglichkeit haben mit Sink Tip-Leinen an die tiefstehenden, meist größeren Salmoniden heranzukommen, verwenden wir sinkende Leinen. Dabei gibt es schnell sinkende Bleischnüre, z. B. Hi-D, die aber schon fast den »Sinking Shooting Head« gleichkommen und meist nur zum Talsperren- oder Bergseefischen, also Tiefwasserfischen geeignet sind, auf die wir noch zu sprechen kommen (siehe Seite 99).
Um den Geldbeutel am Anfang nicht übermäßig zu belasten, bleiben wir vorerst bei den normalen sinkenden Schnüren, die wir stets dabeihaben, wenn wir an einen größeren Fluß oder zum Schleppen an einen Bergsee unterwegs sind. Im Gegensatz zu den schwimmenden Leinen, mit denen wir präzise werfen müssen und deren gute Schwimmfähigkeit Voraussetzung ist, können wir die Oberflächenqualität bei den sinkenden Leinen eher vernachlässigen. Die Schnurgewichtsklasse bei Naßschnüren muß aber, ebenso wie bei den Trokkenschnüren, mit der Gewichtsklasse der Rute übereinstimmen.

Backline (Nachschnur)

Moderne Materialien machen es auch bei den Backlines möglich, auf einen Schnurwulst, wie er zum Beispiel bei einer 0,30 mm monofiler Schnur auftritt, zu verzichten. Der Handel hat sich längst dieses Problems angenommen und bietet spezielle Fliegenschnur-Backlines, wie z. B. Micron Fly Line 30 lbs, an Genanntes Micron-Backing ist geflochten und trotzdem bärenstark. Die meisten Backlines sind zwar besser und platzsparender als gewöhnliche monofile Schnüre, doch im Verhältnis dazu auch wesentlich teurer. Auch eine monofile Backline würde völlig

Montage einer Fliegenrute mit Schußkopf

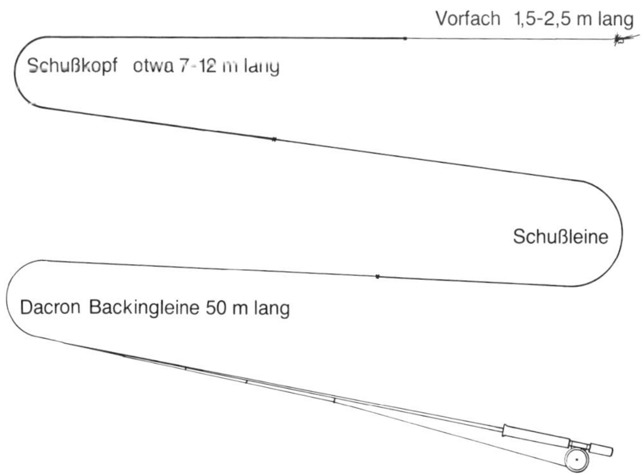

ausreichen. Im Gegensatz zu unserem übrigen leichten Gerät ist es vielleicht für manchen Angler interessant, zwar nicht allzu viel Gewicht, jedoch mit der Micron-Backline Platz zu sparen.

Fliegenrollen

Im Prinzip können wir Flugangler von drei Arten ausgehen:
Einfachrolle,
Automatikrolle,
Anti-Reverse-Rolle.
Wir legen jedoch unser Augenmerk auf die Einfachrolle, die unserem leichten Gerät am besten angepaßt ist. Die beiden anderen Arten werden durch ihr höheres Gewicht meist nicht eingesetzt.
Die Automatikrolle, die im übrigen jedoch sehr bequem zu handhaben ist, hat aber noch einen anderen Nachteil, nämlich die Begrenzung der Federn (Spannvermögen). Da wir bei breiten Flüssen oder Talsperren mit viel Backline fischen, nützt uns die Automatik wenig, denn die Federspannung ist beim Abziehen der Leine bei etwa 25 bis 30 m zu Ende. Dies ist eine schlechte Ausgangsposition zum Fang einer kapitalen Forelle in schnellem Wasser – ganz abgesehen von dem bereits erwähnten zu hohen Gewicht. Ähnlich verhält es sich bei Fliegenrollen, in denen eine Übersetzung eingebaut ist. Die dafür notwendige Konstruktion läßt die Rolle ebenfalls zu schwer und zu klobig werden. Wie bereits angedeutet, sind beide Rollenarten (Automatik- und Übersetzungsrolle) für unsere leichten Ruten zu schwer und stören daher deren Balance empfindlich. Besonders beim Trockenfischen hat die dadurch entstehende Unausgewogenheit des Gerätes ungünstige Folgen.
Für die bereits vorgeschlagene Allroundrute der Klasse 5/6 wählen wir daher am besten eine gute, aber einfache Fliegenrolle der Klasse 6 aus. Fast alle guten Markenrollen sind auf verschiedene Schnurklassen ausgerichtet und demnach bezeichnet. Sollte die Rolle auf kurze Leinen ausgerichtet sein, wechselt man eventuell die Marke, oder man erwirbt eine größere Rolle der Klasse 7, um noch zusätzlich genügend monofile Nachschnur (Backline etwa 50 m) aufspulen zu können. Manche Rollenerzeuger legen zwar die Rolle auf die Leinenklasse richtig aus, beziehen aber das Backing nicht in das Fassungsvermögen der Rolle ein. Eine größere Einfachrolle der Klasse 7 ist nur unbedeutend schwerer, wodurch das Werfen kaum beeinträchtigt wird.
Immer größerer Beliebtheit erfreuen sich besonders bei der Fischerei auf Lachse und Meerforellen, wie auch auf Hechte die Anti-Reverse-Rollen. Wie aus der Bezeichnung der Rolle hervorgeht, kann mit dieser nur in eine Richtung gekurbelt werden. Der Schnurabzug läuft ebenfalls über das Bremssystem. Meiner Erfahrung nach haben alle Anti-Reverse-Rollen durch ihr speziell entwickeltes Bremssystem beim Drillen schwerster Fische einen grundlegenden Vorteil: die Bremsen gehen nicht durch, und man kann sich voll auf das Drillen konzentrieren. Wichtig ist beim Abziehen des Fisches der stillstehende Kurbelabzug. So besteht keine Verletzungsgefahr durch die oft rasend schnell durchdrehende Kurbel, wie dies bei herkömmlichen Rollen trotz guter Bremse, passieren kann. Besonders die deutschen Anti-Reverse von Stenzel (Mogul) haben sich bei Lachsfischern durchgesetzt.

Sonstiges Zubehör

Fliegenfischer sind immer in Bewegung, mal waten sie steigende Fische an, mal gehts unter Bäumen und Büschen hindurch, bis sie eine gute Stelle im Bach erreicht haben. Auch müssen oft steile Böschungen erklettert werden, um den Ausgangspunkt wieder zu erreichen. Lästiger oder unnötiger Ballast ist dabei nur hinderlich. Auch hier hat sich die Industrie den

Zu einer guten Fliegenfischerausrüstung gehören auch Polaroidbrille, Kappe oder Hut um Fische und die im Wasser treibende Fliege besser sehen zu können.

Gegebenheiten in der Fliegenfischer-Ausrüstung angepaßt. Unterschiedlichste Ausführungen an Watstiefeln und Wathosen, von 100 bis 500,- DM, Fliegenfischerwesten in allen möglichen Variationen, Kescher und Fliegendosen in allen Größen und Formen, um nur einiges zu erwähnen, füllen an Zubehör die Regale der Anglergeschäfte, so daß auch hier besonders Neulinge vor einem schier unlösbaren Problem stehen. Das Sortiment ist einfach riesengroß, wollen sie ihre Ausrüstung komplettieren. Der im Fliegenfischen erfahrene Leser wird verstehen, wenn wir dem Anfänger hier einige Tips geben, damit er sich in dem Überangebot zurechtfindet.

Nirgendwo sonst finden wir beim Fliegenfischen so viel Raum vor, als wenn wir im Bach stehend auf- oder abwärts fischen. Dabei benötigen wir gute **Wathosen,** bzw. **Watstiefel**. Es muß nicht immer das Teuerste sein; Vorsicht aber immer wieder vor Billigstware! Sollte aber trotzdem solche Ware gekauft werden, prüfen sie unbedingt mit dem Daumennagel ob die Klebestellen sicher und fest abschließen. Fischen wir in Gewässern, in denen wir den Grund nur schlecht erkennen können oder sich grobe Unebenheiten am Gewässergrund befinden, ist auf jeden Fall zum Kauf einer Wathose zu raten. Damit kann vielleicht ein unfreiwilliges Bad vermieden werden.

Bewegungsfreiheit ist wie gesagt das Auf und Ab beim Fliegenfischen. Taschen, Rucksäcke und sonstiger Ballast sind nur hinderlich, höchstens dann ein kleines Weidenkörbchen zum Verstauen der Fische. Selbst dieses Weidenkörbchen stellen Fliegenfischer meist am Ufer ab, um sich im Fluß, während des Werfens besser bewegen zu können.

Grund genug also, sich eine **Fliegenfischerweste** anzuschaffen, in der Sie die notwendigen Utensilien, wie Behälter für die Naß- und Trockenfliegen, Fliegenfett, Vorfächer, Zange, Maßband und ähnlichen Kleinkram verstauen können. An der Außenseite der Weste sollte sich ein kleines Stück Fell (Lammfell) befinden, um nicht bei einem Fliegenwechsel die, noch nasse, nichtbenötigte Fliege sofort in unser Fliegenetui einordnen zu müssen. Ferner führt der waidgerechte Angler immer einen **Hakenlöser** bei sich, wobei sich fortgeschrittene Flugangler häufig für eine Arterienzange entschieden haben. Diese läßt sich sehr gut mit einem Clip mit Federzug an der Weste befestigen; dadurch ist sie schnell griffbereit und kann nirgends liegengelassen werden. Die rasche Handhabung ist wichtig bei zu kleinen Fischen, da diese unverletzt und so rasch wie möglich wieder zurückgesetzt werden sollten. Selbstverständlich führen wir einen **Maßstab,** sowie einen **Fischtöter** mit hohem Eigengewicht in unserer Außentasche der Weste mit. Der Fischtöter sollte stabil sein und einen Bleikopf (Messingschläge) besitzen. Hier lieber Leser ein besonderes Anliegen: Falls ein gedrillter Fisch mitgenommen werden sollte, töten sie ihn waidmännisch mit einen gezielten Schlag auf den Kopf, jedoch nicht mit einem Messer, durch Herumgefummel in den Kiemendekkeln. Dies ist nicht nur traurig und trostlos, sondern kommt auch leider oft genug vor. Höchstens ein Veterinär mit chirurgischer Erfahrung trifft z. B. das etwa 1 cm große Herz einer Bachforelle auf Anhieb. Leider habe ich schon schlimme Sachen zu Gesicht bekommen; dies wurde aber in den letzten Jahren, durch die steigende Selbstverantwortung der Angler, Gott sei Dank, rückläufig.

Fliegenschachteln und **Dosen** sind in vielen Größen und Variationen erhältlich, z. B. mit oder ohne Fächer, aus Aluminium oder Kunststoff, mit oder ohne Magnet. An und für sich erfüllen sie als Behälter für Nymphen, Fliegen oder Streamer alle ihren Zweck. Eines sollte aber doch, zu den von vielen Anglern bevorzugten Magnetdosen, erwähnt werden. Diese sind für Trockenfliegen eher ungeeignet, denn durch den Magnetzug werden die Fliegen so stark angedrückt, daß meist der runde Hechelkranz, der die gute Schwimmeigenschaft der Fliege garantiert, deformiert wird. Dagegen können wir unbesorgt Naßfliegen, Nymphen oder Streamer in diesen Magnetdosen verstauen. Für Trockenfliegen eignen sich am besten Dosen mit kleinen Einzelfächern, in denen die Fliegen lose liegen und dadurch die Form erhalten.

Die im Handel angebotenen, in Briefchen verpackten, wie auch die selbstgeknüpften **Vorfächer,** lassen sich gut in ein Fotobüchlein einordnen. Dadurch haben wir beim Durchblättern des kleinen Albums, die verschiedenen Vorfächer in den gewünschten Stärken griffbereit. Auch läßt sich dieses Fotobüchlein gut in der Fliegenfischerweste verstauen. Um uns ein ständiges Wechseln des kompletten Vorfaches zu ersparen, knüpfen wir uns, da ja meist die Spitze abreißt, neue Spitzenteile an. Dazu gibt es im Handel Plastikdosen, die vier kleine Röllchen beinhalten, auf die wir die gewünschten Vorfachstärken aufspulen können. Auf meinen Spulen z. B. befinden sich die Schnurstärken 0,14; 0,16; 0,18; 0,20. Diese Spulen in der Kompaktdose besitzen ein Fassungsvermögen von je etwa 25 m. Umständlicher ist es dagegen, jedes dieser Röllchen einzeln mitzuführen. Dabei wäre noch zu erwähnen, daß der Stärkenunterschied zwischen Hauptvortach und dem Spitzenteil, der angeknüpft werden soll, nicht mehr als 0,05 mm betragen soll, da der Blutknoten (s. Seite 115) sonst nicht gut hält.

Verbindungen zwischen Fliegenschnur und Vorfach – Viele Fliegenfischer befestigen aus alter Gewohnheit mittels Flaggenstich das Vorfach an der Fliegenschnur.

Einige verwenden – und dies ist nur bei durchlaufenden monofilen Vorfächern möglich – den altbewährten Nagelknoten (s. Seite 116), was die wohl eleganteste Lösung darstellt.

Sehr bewährt haben sich aber in den letzten Jahren die im Anglerjargon sogenannten »Quick Joints«. Das sind geflochtene Plastikschläuche mit einer Schlaufe, meist in Längen zwischen 10 und 15 cm erhältlich. In dieses Endstück wird die Fliegenschnur bis zur Schlaufe eingeführt; eine Gummihülse, die sich meist schon auf der Schlaufe befindet, wird zur Fixierung in die Gegenrichtung darübergeschoben. Eigentlich hält diese Schlaufverbindung nun durch das Zusammenziehen des Geflechts und der Gummihülse optimal. Trotzdem rate ich dem Fliegenfischer, die Gummihülse noch mit einem Tropfen Superkleber zusätzlich zu festigen.

Das Praktische bei diesem System ist, daß man nun alle möglichen Vorfächer einfach ein- und ausschlaufen kann (s. Seite 116 Verbindung zweier Schlaufen).

Bei Verwendung von **Fliegenfett** möchte ich dem Flugangler raten, Hände weg von Sprays. Zum einen sind diese Spraydosen meist sehr unhandlich und passen

schlecht in die Taschen der meisten Fliegenwesten, zum anderen trifft der breite Strahl nur zu etwa 15 bis 20% die Fliege, der Rest geht daneben und stinkt erbärmlich. Gut dagegen sind die von vielen Fluganglern verwendeten kleinen runden Döschen mit LTP-Paste (Silikon). Mit einem Döschen kommt man ohne Übertreibung eine ganze Saison spielend aus. Erwähnenswert und auch nicht schlecht ist das, ebenfalls in kleinen runden Döschen, angebotene Entenbürzelfett. Leider hat dieses Fett, im Gegensatz zur LTP-Paste, den Nachteil, daß es ausgesprochen temperaturempfindlich in den verschiedenen Jahreszeiten reagiert. Im Sommer ist es meistens zu flüssig, im Herbst und Spätherbst dagegen zu hart, beziehungsweise zu steif. LTP-Pasten sind dagegen das ganze Jahr über fast gleich schmierfähig.
Viele meiner Anglerfreunde, die ebenfalls seit langem mit der Flugangel fischen, verwenden wie auch ich keinen Kescher, sondern empfinden ihn eher als lästigen Ballast. Wenn ich überhaupt zu einem **Kescher** raten kann, dann zu einem kleinen, handlichen Klappkescher, der sich in einem Futteral befindet und sich gut an der Fliegenjacke (Rückenschlaufe) oder am Hosengürtel leicht befestigen läßt. Damit vermeidet man zum Großteil ein andauerndes Hängenbleiben an den Sträuchern. Ich möchte hier den Kescher nicht grundsätzlich ablehnen, ohne vorher erwähnt zu haben, daß ein gehakter Fisch meist an kurzer Leine, also unmittelbar vor dem Fischer verloren geht. Wer Fische ohne Kescher landet, sollte sich dabei zu Herzen nehmen, den abgedrillten Fisch nur mit nasser Hand anzugreifen, um Schleimhautverletzungen vorzubeugen. Auf keinen Fall sollte man den Fisch auf den Uferschotter ziehen, außer es handelt sich dabei z. B. um eine kapitale Forelle, die anschließend abgeschlagen wird. Untermaßigen Fischen sollten wir das Keschern ersparen, da sich diese leicht im Netz oder an den Netzknoten verletzen können. (Durch Schleimhautabschürfungen können auch Krankheiten auf andere Fische übertragen werden.)
Für die getöteten Fische verwenden wir am besten das bereits angeführte **Weidenkörbchen**, welches umgehängt beim Rückmarsch kaum stört. Alles andere ist weniger zu empfehlen. Wenn es im Sommer sehr heiß ist, sollten wir die nach dem Fang gleich ausgenommenen Fische entweder mit Gras, Blättern (Pestwurz) oder mit feuchten Leinentüchern zugedeckt, bzw. eingewickelt in unserem Körbchen verstauen. Dadurch bleiben die Fische längere Zeit frisch.
Polaroidbrillen sollte der Angler fast immer verwenden. Diese sind nicht nur Schutz vor unkontrolliert zurückkommenden Kunstfliegen, sie schützen unsere Augen auch vor zu starker UV-Strahlung, der wir Fliegenfischer beim Waten besonders ausgesetzt sind. Polaroidgläser gewähren uns durch ihre entspiegelnde Wirkung einen guten Einblick ins Gewässer.

Eigenbauruten – In den letzten Jahren werden verstärkt Rutenteile angeboten, aus denen sich der Angler eine komplette Rute dann selbst bauen kann. Hier möchte ich besonders die Anfänger zur Vorsicht mahnen, denn es werden »Blanks« mit 98 bis 100% Kohlefaseranteil angeboten, die in Wirklichkeit nicht mehr als 60% aufweisen. Natürlich gibt es gute »Blanks« mit hohem Kohlefaseranteil, die von bekannten Firmen stammen. Ich möchte damit nur sagen: Vorsicht beim Kauf! Auch ist es nicht ganz einfach, alles so schön und perfekt zusammenzubauen (ausgewogenes Gerät), wie dies bei bekannten Markengeräten selbstverständlich ist. Vielleicht, wenn der eine oder andere Leser ein geschickter Bastler ist, kommt er günstiger weg, als mit einer gekauften Rute. Ob dieses Eigenbaugerät dann auch tatsächlich so gut wirft wie ein gutes Firmengerät, muß bezweifelt werden. Nur wenn der Anfänger einen Rutenfachmann zur Seite hat, der gute Erfahrungen im Gerätebau besitzt, kann man zum Kauf raten.

Das Werfen mit der Fliegenrute

Der Grundwurf für den Anfänger

Wir nehmen die Fliegenrute oberhalb der Rolle am Griffstück fest in die Hand. Der Daumen soll dabei nach vorne gestreckt sein. Dadurch ist ebenso eine gute Führung beim Werfen wie mit vorgestrecktem Zeigefinger zu erreichen. Bei Weitwürfen ist es wesentlich vorteilhafter mit vorgestreckem Daumen zu werfen, da die Belastung für diesen nicht annähernd so groß ist, wie für den schwächeren Zeigefinger. Die Hand wird so weit nach vorne geneigt, daß das an der Unterseite der Hand hervorschauende Griffstück mit der Rolle parallel zum Unterarm läuft (gedachte Linie). Während des gesamten Wurfablaufes bleibt das Handgelenk in dieser vorgegebenen Position steif. Geworfen wird mit dem Arm. Dieses Halten der Rute mit steifem Handgelenk bleibt bei folgenden Wurftechniken gleich: Anfängerwerfen, Weitwerfen auf große Distanzen.
Es sollte hier besonders den Anfängern nicht vorenthalten werden, daß von vielen Fliegenfischern oft aus dem Handgelenk geworfen wird. Dies kann auf kurze Entfernungen oder auch an einer heiklen Stelle, wenn überhängende Äste ins Wasser ragen und der Werfer auch sonst keine besseren Wurfpositionen findet, vorteilhaft sein. Nur unter diesen Voraussetzungen, wie eben beschrieben, kann aus dem Handgelenk geworfen werden.
Anfänger, sowie Fliegenfischer, die im Werfen noch dazulernen wollen, weil sie noch Schwierigkeiten bei großen Weiten haben, sollten jetzt bitte folgenden Rat für immer beherzigen: Große Weiten können nur mit dem Arm und mit zusätzlichem Schub (Druck) aus der Schulter und steifem Handgelenk geworfen werden. Auf keinen Fall darf der Anfänger, um sich das Werfen zu erleichtern, aus dem Handgelenk werfen, da er diesen Fehler später kaum mehr oder nur mit viel Training wieder gut machen kann. Dies ist auch der Grund, warum, wie von vielen Fachautoren oft beschrieben, es ein Heer von mittelmäßigen Fliegenfischern (Werfern) gibt, kaum aber ganz schlechte wie auch sehr gute Fliegenfischer.
Speziell zum Üben sucht man sich eine Stelle, an der rundherum alles frei ist. Man kann auf Rasen trainieren, besser ist es aber von einer Uferkante auf ruhiges, stehendes Wasser zu werfen. Dadurch wird man gleich von Anfang an mit möglichen Bremswirkungen, von der im Wasser eingesunkenen Schnur, beim Abheben der Leine vertraut gemacht.
Vor Beginn des Werfens ziehen wir einige Meter (etwa 3 bis 4 m) Leine ab und legen diese einigermaßen gerade auf. Wir richten uns beim Werfen und den einzelnen Stopps, Tempi nach dem oft schon viel geschmähten Zifferblattsystem (Abb. S. 22). Die rechte Hand hält die Rute (Linkshänder natürlich umgekehrt), die linke Hand zieht etwa 0,75 m Flugleine ab. Wir lassen das Stück Leine zwischen Rolle und ersten Rutenring oberhalb der Rolle hängen, dann ergreifen wir vor der Rolle, in der Nähe des ersten Ringes, die Schnur, so daß etwa 0,50 m Leine zwischen Rolle und Hand lose durchhängt. Während des folgenden Wurfablaufes lassen wir die Leine mit der linken Hand nicht los. Ausgangsposition: Die Rutenspitze zeigt auf 10 Uhr. Mit einem kräftigen Schwung aus dem Unterarm heraus, nur leicht aus den Schultern, endet der Rückwurf bei 12 Uhr. Dabei wandert die Rutenspitze oft auf 1 Uhr zurück. Darum bleiben die Anfänger im Werfen bei den Rutenstopps lieber gleich bei 12 Uhr. Die Leine zieht nun durch ihr Eigengewicht (Beschleunigung) nach hinten

Gutes Werfen ist wohl eine der wichtigsten Voraussetzungen zum erfolgreichen Fliegenfischen, wenn z. B. weit stromauf geworfen werden muß ...

... oder überhängende Äste das Werfen beeinträchtigen.

Werfen auf kurze Entfernung

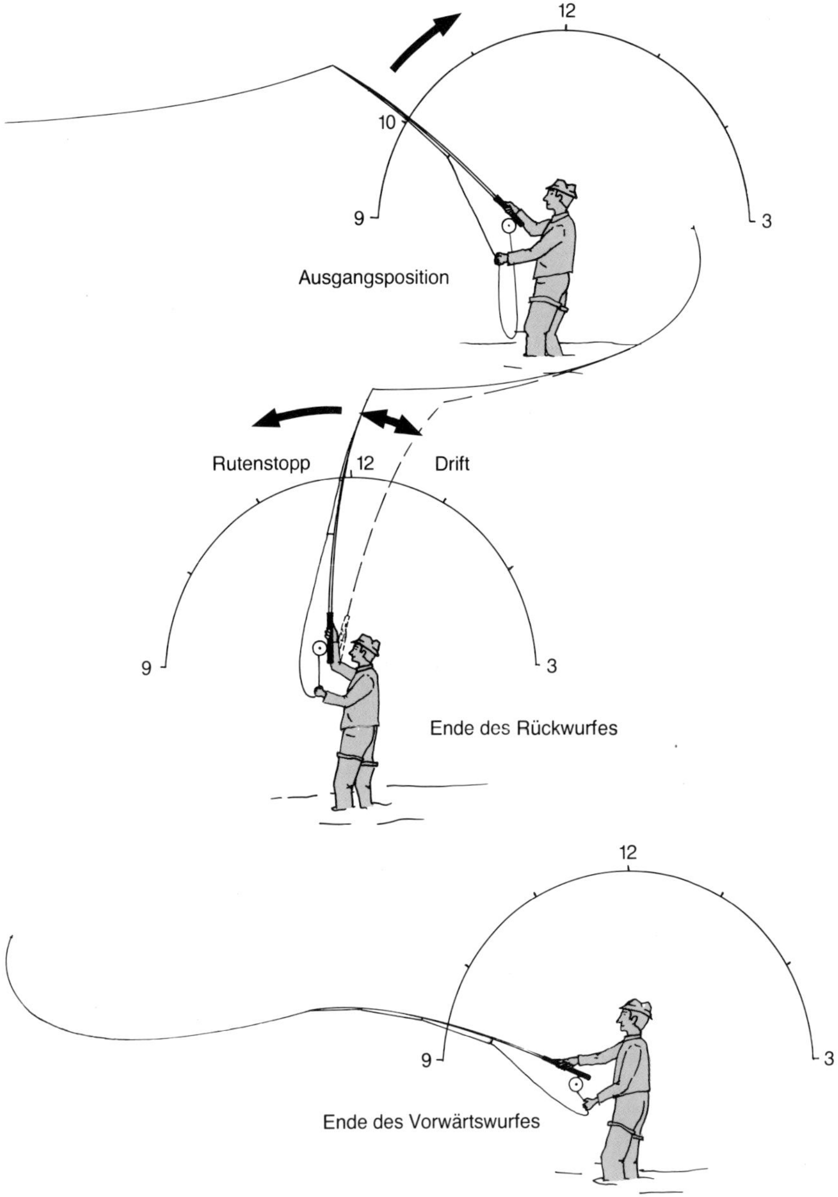

ab. Kurze Pause, der Fliegenfischer kann während dieser Wurfphase ruhig nach hinten sehen. Erst wenn die Leine nach hinten ganz durchgestreckt ist, beginnt der Vorwärtswurf indem wir mit kräftigem Schwung aus dem Arm heraus und ein wenig aus den Schultern die Rute kräftig nach vorne drücken. Der Druck im Wurf klingt bei etwa 11 Uhr aus. Die Rute wird nach 10 Uhr gesenkt (Drift). Die Leine zieht dann von selbst nach vorne ab. Zum Schluß weist die Rutenspitze eine fast waagrechte Position auf etwa ½10 Uhr auf. So kann der nächste Rückwurf beginnen. Wenn während des Werfens die Leine verlängert werden soll, greifen wir einfach zu Beginn jedes Rückwurfes direkt zur Rolle und halten die Leine unmittelbar an der Rolle mit der linken Hand nach unten fest. Durch die nun folgende Aufwärtsbewegung während des Rückwurfes wird so Leine von der Rolle abgezogen. Bei folgendem Vorwärtswurf und dem damit verbundenen Senken der Rute machen wir die Schnurhand, wenn sich die Rute auf etwa 11 Uhr befindet kurz auf, die neu abgezogene Leine wird frei (etwa 0,50 m) und zieht mit der bereits in der Luft befindlichen Leine ab.

Leerwürfe mit Leine-abziehen

Besonders dann, wenn ein »steigender« Fisch (Ring im Wasser) ausgemacht wurde oder die Leine schnell verlängert werden soll, benötigen wir sogenannte Leer- oder Luftwürfe.
Bei dieser Art des Werfens, das sich oft zwischen dem Aufsetzen und Verlängern der Leine abspielt, ist es wichtig, daß Leine, Vorfach und Fliege das Wasser nie berühren und die Rute auf gleichmäßiger Höhe geführt wird (Abb. S. 24 o.). Die Spitze darf dabei höchstens auf 11 Uhr sinken, nach hinten höchstens auf 1 Uhr (Abb. 24 M.). Da wir nach dem ersten Rückwurf mit dem Arm in einer fast gleichmäßigen Linie nach vorne drücken (Schub), zieht auch die Leine in einer geraden Linie nach vorne. Wenn die Leine nach vorne »oben« in der Luft ausgestreckt ist, setzt sofort der nächste Rückwurf ein, usw. Dies kann so lange durchgeführt werden, bis die Leine lang genug ist oder man das Gefühl hat, das Ziel treffen zu können. In diesem Fall kommt der letzte Druck aus der Rute schräg von oben nach unten und mit dem damit verbundenen Senken der Rute wird die Fliege aufgesetzt. Beim Verlängern der Leine in der Luft wird bei jedem Rückwärtswurf (bei Leerwürfen) mit der linken Hand zur Rolle gegriffen. Wird mehr Schnur benötigt, drückt die Schnurhand noch zusätzlich Leine nach unten zu den Füßen; so wird noch mehr Leine beim Rückwärtswurf auf einmal abgezogen. Beim Vorwärtswurf aus dem Arm, den wir insgesamt bei den Leerwürfen sehr weit in beschriebenen Tempi in einer gleichmäßigen Höhe führen (Abb. S. 24 u.), wird die neu abgezogene Leine zusätzlich frei. Ist die Schnur mit deren Ende beim Vorwärtswurf durchgestreckt, haben wir die Hand bereits wieder in der Nähe der Rolle und können somit weiter Leine abziehen.

Werfen auf große Weiten für Fortgeschrittene

Hierbei müssen wesentlich größere Schnurmengen in der Luft gehalten werden. Dementsprechend stark und kräftig wird beim Abheben langer Leine (20 bis 25 m) der Rückschwung, wie auch der Vorwärtswurf mit wesentlich größerem momentanen Druck durchgeführt. Im Prinzip bleiben die Pausenstopps, Tempi und das spätere Senken der Rute zum Aufsetzen der Fliege gleich. Beim Rückwärtswurf, falls die großen Schnurmengen bereits abgerollt sind, geht der Arm weiter nach hinten; die Rutenspitze zeigt aber dabei immer noch auf 1 Uhr. Genau in

Leerwürfe

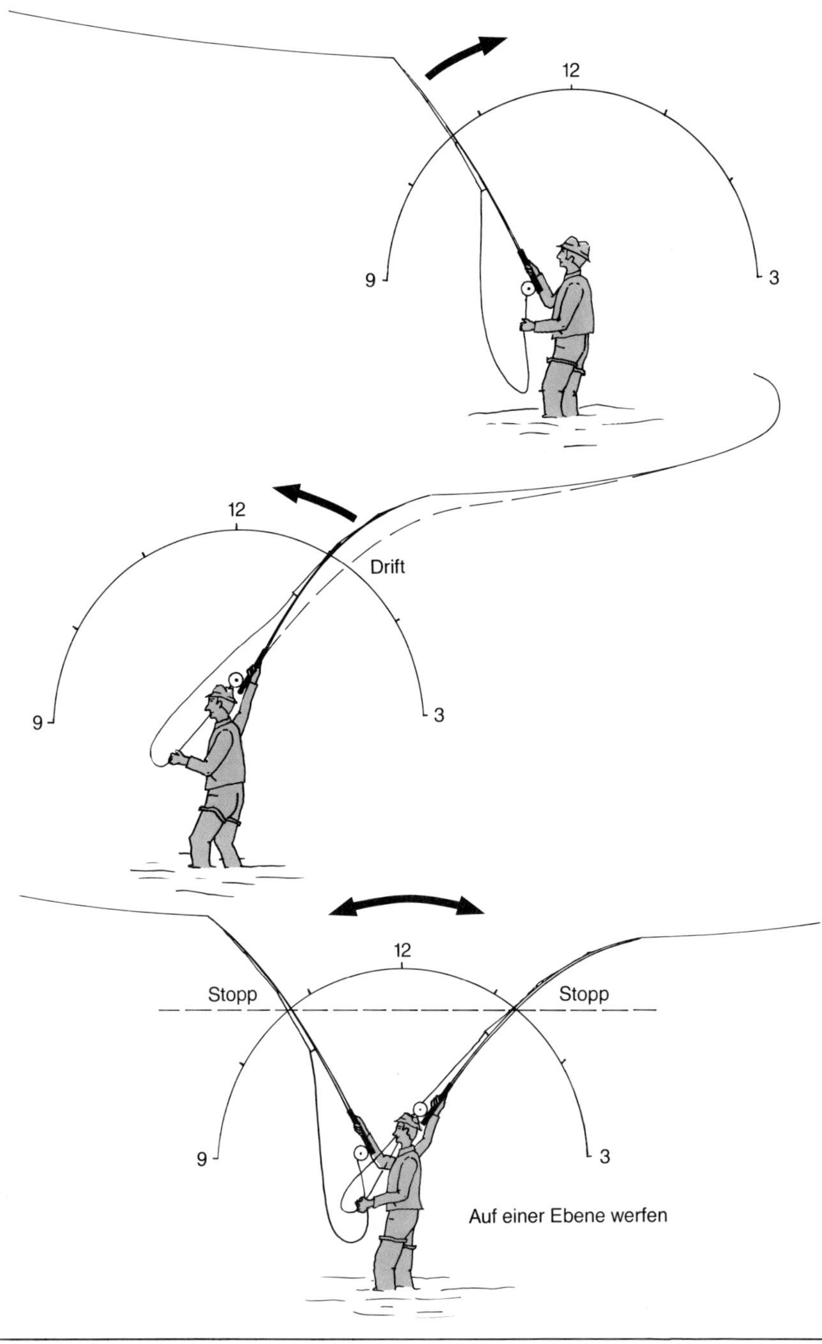

Werfen auf große Weiten

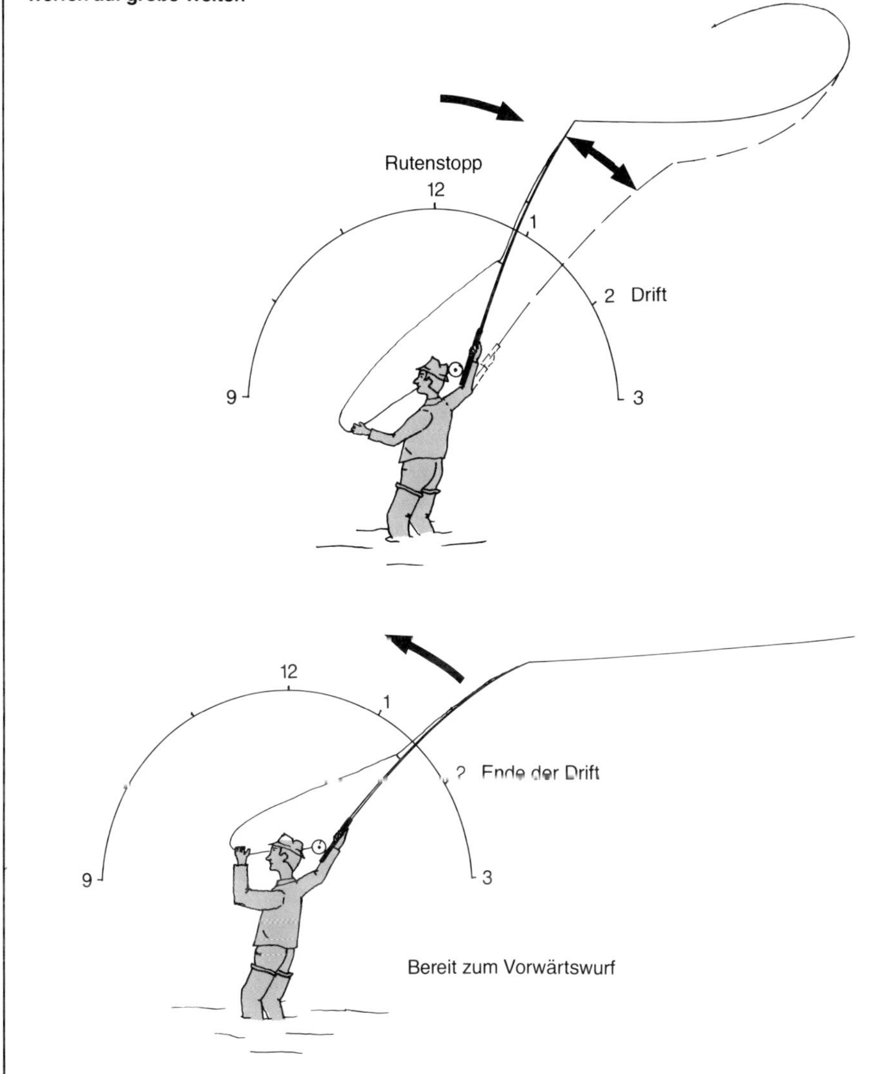

dieser Position bleiben wir. Der Arm geht aber dann mit der abziehenden Leine noch etwa 0,50 m weiter nach hinten als bei einfachen Würfen. Sobald sich die Leine nach hinten gestreckt hat, beginnt der Vorwärtswurf. Wir holen die Leine von hinten (ziehend), mit großem Druck aus dem Arm und aus den Schultern, nach vorne. Dadurch, daß wir bei dieser Wurfart mit dem Arm auf gleicher Höhe weiter nach hinten gehen, können wir die größeren Schnurmengen so besser beschleunigen und dadurch »bricht uns die Leine nicht zusammen« (Abb. oben).

Beim Flugangeln im tiefen Wasser ergeben sich völlig neue Persektiven.

Doppelzug

Bei Wind, beim Beschleunigen großer Schnurmengen und auch beim Weitwerfen ist der Doppelzug ideal. Beginnend mit dem Rückwärtswurf, wenn der erste Wurf nach hinten und dann von unten nach oben mit der Wurfhand geführt wird, reißen wir die Leine mit der Schnurhand (Druck nach unten) nach unten. Die Leine wird dabei festgehalten. Während die Leine nach hinten zieht, gehen wir mit der Schnurhand (Leine festhalten) in die Nähe des ersten Ringes der Rute (oberhalb der Rolle), damit die festgehaltene Leine »nachlaufen« kann. Beim Vorwärtswurf geht es genau umgekehrt. Während die Wurfhand mit der Rute in 1-Uhr-Stellung ist, der erste Wurf ausklingt und man beginnt nach vorne zu drücken, beschleunigt die Schnurhand mit kräftigem Zug nach unten die Leine. In der letzten Phase des Wurfes, bei der sich die Rute bereits nach vorne senkt, geht die Schnurhand mit der festgehaltenen Schnur wieder zum ersten Ring (oberhalb der Rolle) zurück. So können große Mengen Leine in der Luft gut beschleunigt werden. Das muß, um nicht entgegen zu wirken, sehr gleichmäßig ausgeführt werden. Hierbei ist viel Übung notwendig (Abb. S. 27). Man kann auch noch zusätzlich Leine, die am Boden liegt oder die man in gleichmäßigen Klängen (Schlaufen) in der Hand hält, dann, wenn der Vorwärtswurf optimal durchgeführt wurde (große Beschleunigung), mitziehen lassen. Man nennt dies auch »schießen lassen«. Die Schnurhand läßt dann die Leine beim Vorwärtswurf einfach frei. Schlaufen und zusätzliche Leine ziehen somit ab.

Der Doppelzug ist besonders vorteilhaft, wenn im Rücken des Fluganglers z. B. der Freiraum auf 12 m oder noch weniger begrenzt ist (Bäume und sonstiges), das Ziel aber rund 17 m entfernt ist. Man legt dann die fehlenden 5 m am Boden auf oder hält die Flugleine in gleichmäßigen Klängen in der Hand und läßt diese beim Beschleunigen mitziehen.

Doppelzug

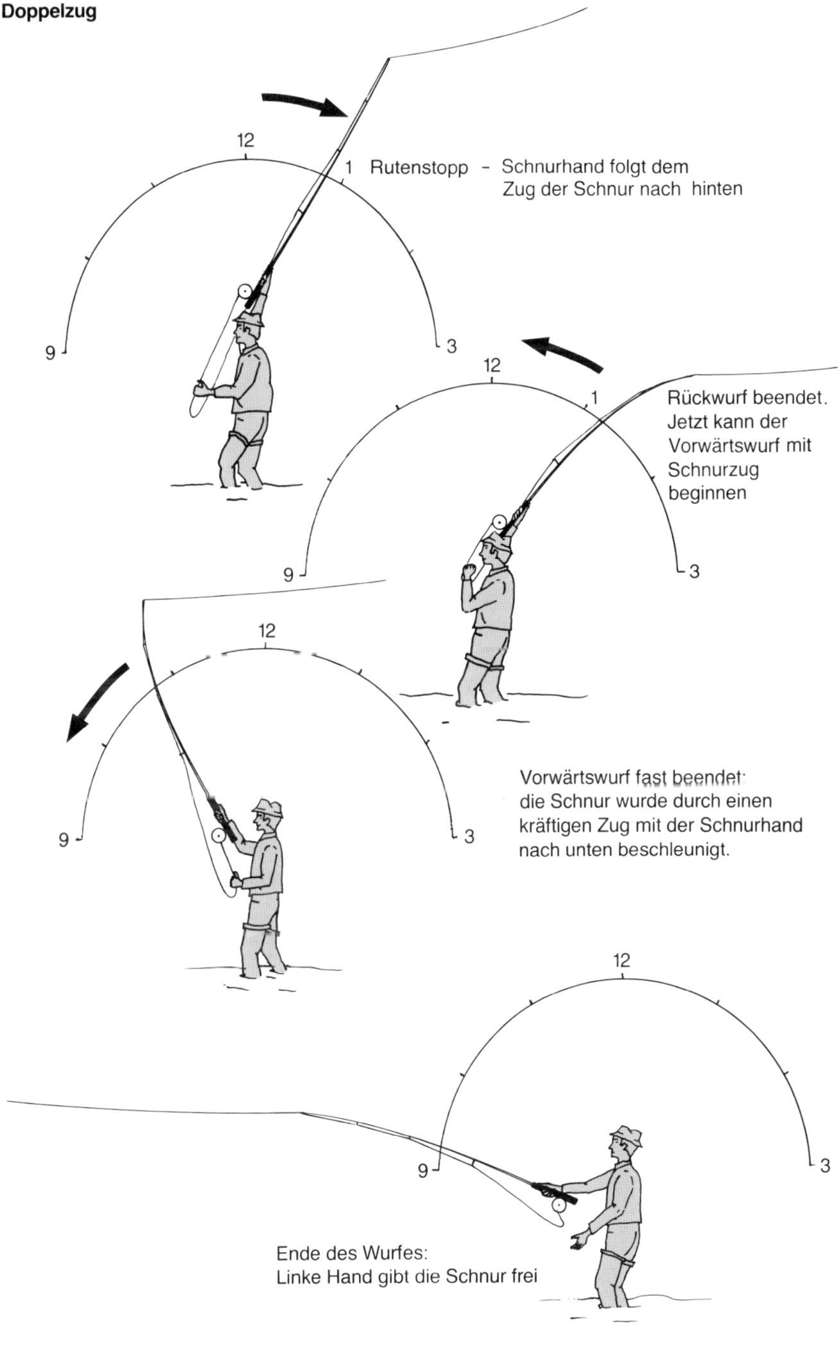
12
1
Rutenstopp - Schnurhand folgt dem
Zug der Schnur nach hinten
9
3
12
1
Rückwurf beendet.
Jetzt kann der
Vorwärtswurf mit
Schnurzug
beginnen
9
3
12
9
3
Vorwärtswurf fast beendet:
die Schnur wurde durch einen
kräftigen Zug mit der Schnurhand
nach unten beschleunigt.
12
9
3
Ende des Wurfes:
Linke Hand gibt die Schnur frei

»Dropping Back«

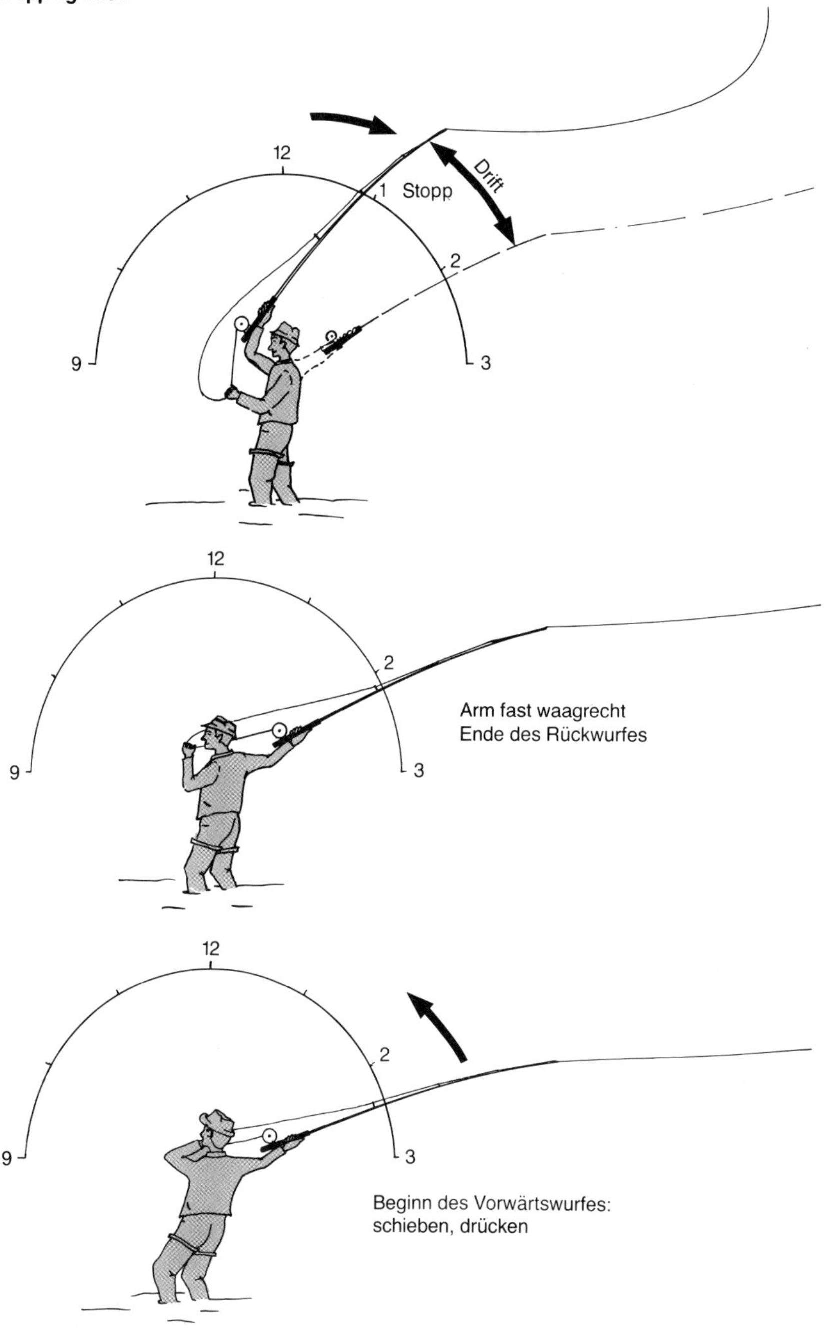

Dropping back

Dieser Ausdruck stammt aus Amerika und ist nicht direkt übersetzbar. Es heißt so viel, wie »mit Arm und Rute nach hinten gleiten«. Wir wollen das nicht vertiefen und es somit auch bei diesem besser klingenden englischen Ausdruck »dropping back« belassen. Speziell für die von mir beschriebenen 8 ft Ruten ist diese Technik bestens geeignet, um sehr große Weiten zu werfen, bis 25 m und auch die gesamte Leine. Dazu ist aber viel Übung notwendig. Der Anfänger, der diese Wurftechnik bei einem guten Werfer das erste Mal beobachten kann, glaubt seinen Augen nicht trauen zu können. Denn hier wird all das gemacht, was man ihm vorher grundlegend verboten hat. Der Beginn eines Wurfes unterscheidet sich nicht von anderen Wurfarten. Dort, wo der ersten Rutenstopp erfolgen sollte (1 Uhr), wandert der Arm, damit die Leine nach hinten abziehen kann, mit der Drift der abziehenden Leine in immer gestreckter werdender Haltung der Schnur nach, bis dieser mit Rute und Leine fast entlang einer geraden Linie nach hinten gestreckt ist (Arm, Rute, Leine bilden eine Linie). In dieser sich langziehenden Driftphase ab etwa 1-Uhr-Position – Wurfarm und Rute wandern nach hinten der Leine zu –, geht auch die Schnurhand, die die sehr weit nach hinten abziehende Leine festhält (Abb. S. 28).

Beim Vorwärtswurf muß die Schnurhand die Spannung durch die abziehende Leine nach hinten beibehalten. Der Abstand zwischen Schnurhand und Wurfhand bleibt im Wurf nach vorne wieder gleich. Während des Vorwärtswurfes haben wir in dieser Wurfphase eigentlich zwei Tempi, wovon der zweite Teil für Betrachter nicht sichtbar wird. Beginnend aus der fast auf gleicher Höhe geführten Endhaltung des Rückwurfes, wird die Leine mit großem Druck und Zug des gesamten Wurfarmes nach vorne beschleunigt. Dabei wird die Rute immer steiler nach oben aufgerichtet, bis auf etwa 1 Uhr. In dieser Position angekommen, drückt der Arm, der noch weit hinten ist, nach vorne noch einmal kräftig nach, um den großen Schnurlängen, die bei dieser Wurftechnik üblich sind, eine zusätzliche Beschleunigung zu geben. Der zweite Druck der Rute darf nicht zu stark kommen, da er sonst auf die Flugeigenschaft der Leine negative Auswirkungen hat. Bei dieser Wurfart (dropping back) wird eine optimale Beschleunigung erreicht, die der Technik des Werfens mit dem Doppelzug gleichkommt. Es ist auch hier wie beim Doppelzug möglich, am Boden aufgelegte zusätzliche Leine mitschießen zu lassen, das heißt, daß man beim letzten Wurf, wenn die Fliegenschnur eine optimale Beschleunigung erreicht hat, diese mit der Leine mitziehen läßt (Schnurhand gibt die Leine frei).

Extrem klares Wasser erfordert weite Würfe, da die Fische meist sehr scheu sind.

Bevor wir mit den gebundenen Fliegen beginnen, sehen wir uns, zum besseren Verstehen der Fliegenimitationen, einen Bruchteil der riesigen Welt der Wasserinsekten an.
Wir wollen uns dabei nur auf die wichtigsten Arten beschränken, die beim Fliegenfischen unumgänglich sind. Um alle, in den Gewässern vorkommenden Insekten hier wissenschaftlich zu bestimmen, wäre auf alle Fälle ein Buch dieser Größenordnung noch zu klein. Manchem wissenschaftlich interessierten Leser wird diese Einführung in das Leben der Wasserinsekten (geflügelte Arten) zu wenig sein. Es gibt jedoch genügend Fachliteratur zu diesem interessanten Gebiet der Insektenkunde.

Die Entwicklungsstadien der Eintagsfliegen

- Eiablage durch das erwachsene und geflügelte Insekt (Imago – engl.: spinner); nach der Eiablage stirbt das Insekt (tote Imago – engl.: spent).
- Larve und Nymphe (freßfähig).
- Aufsteigende Nymphen (steigen empor) nennt man Emerger (nicht freßfähig).
- Auskriecher sind die Subimagines die gerade aus der Nymphenhaut schlüpfen.
- Frisch geschlüpftes Insekt (Subimago) – erst nach der letzten Häutung (erfolgt oft innerhalb weniger Stunden) geschlechtsreif; nicht freßfähig da Mundwerkzeug verkümmert.

Entwicklungsstadien der Eintagsfliege

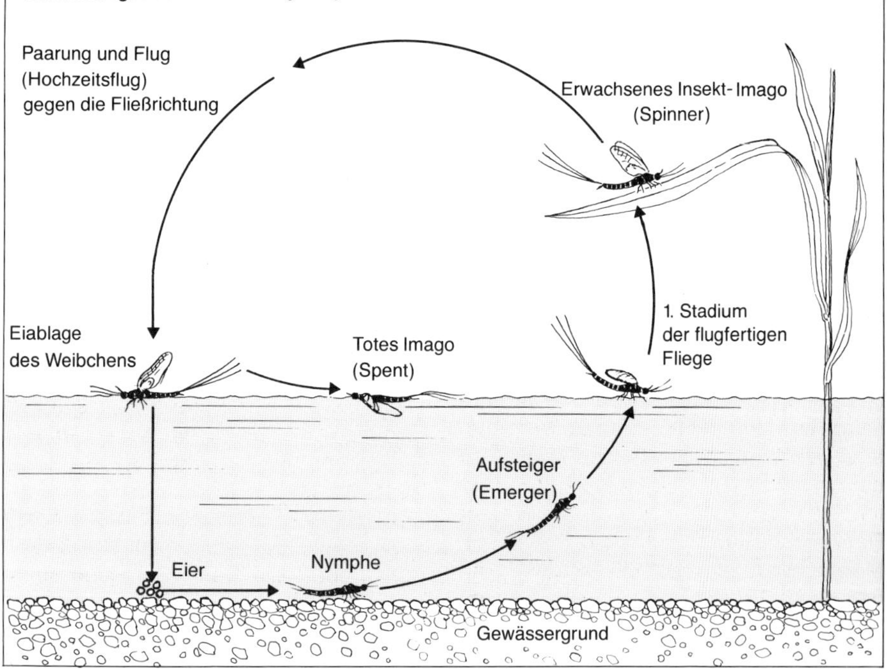

- Erwachsenes Insekt (Imago) farblich abweichend von der Subimago.

Die Begattung der meisten Eintagsfliegenarten findet in der Luft statt.

Bei allen Eintagsfliegenarten, z. B. auch bei den *Baetis* – haben die Männchen übernatürlich große, nach oben gerichtete Augen, die lediglich dazu dienen, die über ihnen fliegenden Weibchen zu erspähen, um sie dann bei Erkennen sofort zu umklammern und zu begatten. Nach der Paarung stirbt das Insekt. (Das Leben der Eintagsfliege dauert meist nur einige Tage, das Weibchen stirbt nach der Eiablage.) Bei gleichzeitigem Tod vieler Eintagsfliegen spricht man vom »Spinnerfall«. Einzelne tote Insekten im Wasser nennt man »spent« (englisch).

In den Frühjahrsmonaten März und April, in denen viele von uns noch nicht so recht ans Fliegenfischen denken, denn vielerorts verwehren Schnee und Eis den Zugang zum Wasser, schwärmen bereits während der warmen Tageszeit (Mittagsstunden) die *Baetis rhodani* und die Märzbraune (*Rhithrogena haarupi*).

Wenden wir uns erst den an fast allen Fließgewässern vorkommenden ***Baetis***-Arten zu. Dieses zierliche Fluqtier ist gegen Wasserverschmutzung bis etwa Güteklasse 3, ziemlich unempfindlich. Anders die Märzbraune, die sehr sauberes und sauerstoffreiches Wasser benötigt. Dazu aber später.

Die *Baetis** aus der Familie der *Baetidae* sind mit etwa 11 Arten in Mitteleuropa vertreten. Für uns Fliegenfischer sind speziell die Schlüpfzeiten der *Baetis* in den Monaten März/April und September/Oktober (Äschensaison) wichtig. Da in diesen Monaten die Flügel der Insekten schlecht austrocknen, treiben die Insekten länger auf dem Wasser. Da auch sonst keine Insekten schlüpfen, steigen die Forellen in der Regel in diesen Schlüpfperioden sehr gut. Meist dauert die Schlüpfzeit etwa eine Stunde am Vormittag, gelegentlich kommt es auch vor, daß ein zweites Schlüpfen stattfindet, das sich vom frühen Nachmittag eventuell auch auf die Abendstunden verlagern kann, welches der Fliegenfischer aber nicht zu sehr überbewerten sollte (schwaches Schlüpfen). Auch schon vor Beginn des Schlüpfens der *Baetis* werden Nymphen und Aufsteiger (dunkelfarbene Emerger) gerne von den Salmoniden genommen. Die Nymphen der *Baetis* sind freischwimmend.

Eine andere *Baetis*-Art sollten wir uns noch genauer ansehen und zwar eine sehr berühmte Fliege, die *Baetis muticus,* besser bekannt als **Eisenblaue** (engl.: Iron blue dun). Bei schlechtem Wetter (leichtem Regen; trübe) kann es zum Massenschlüpfen dieser Art kommen. Schlüpfzeiten in den Monaten Mai bis Juni und September bis Oktober.

> Aussehen: *Baetis rhodani:* Zwei große und zwei kleine Flügel, wobei das hintere Flügelpaar sehr schmal ist, bei manchen Arten verkümmert, oder gelegentlich ganz fehlt. Die Flügel sind blaßgrau bis blaustichig (engl.: oliv dun). Körperlänge 5–11 mm, Farbe grau-oliv, zwei Schwanzfäden. *Baetis muticus.* Körper 5–7 mm, braun-oliv bis rotbraun, Flügel blau (Eisenblaue).

Märzbraune (engl.: March brown) – Zu bekannt ist diese Eintagsfliege unter Fliegenfischern, um sie hier einfach zu übergehen. Obwohl die Märzbraune (*Rhithrogena haarupi*) im Vergleich zur *Baetis* selten ist, kommt sie doch noch in sauberen und sauerstoffreichen Alpenflüssen in Österreich, Bayern und in der Schweiz vor. In Gebieten, in denen sie noch zahlreich schwärmen, ist die *R. haarupi* als Kunstfliege fast unentbehrlich.

> Aussehen: Der Körper ist 10–20 mm lang, oberseitig braun. Die Flügel sind hell graubraun, beim Männchen klar, mit braunen Adern.

* richtige Schreibweise eigentlich: Baëtis

Die Schlüpfzeit der *R. haarupi* bewegt sich um die Mittagszeit und dauert etwa eine Stunde. Märzbraune, als Spent oder Naßfliege gebunden, werden gelegentlich von den Fischen den Subimagos vorgezogen.

Maifliegen – Es gibt kaum ein Buch über Fliegenfischen, in dem diese Art nicht beschrieben ist. Dies hat auch seinen Grund, denn wer einmal das Schlüpfen und Schwärmen der Maifliegen miterlebt hat, ist beeindruckt. Es ist ein faszinierender Anblick, wenn sich diese wunderschönen, zerbrechlich wirkenden Geschöpfe in die Luft erheben. Bei starkem Schlüpfen der *Ephemera danica,* wie es alljährlich z. B. am Pillersee bei Lofer, besonders in dessen Ausfluß, stattfindet, geraten die Fische in einen unbeschreiblichen Freßrausch.
Kiloschwere Forellen, die sonst mit kaum einem Köder an die Oberfläche zu bringen sind, furchen fressend kreuz und quer durchs Wasser.
Wo das Schilf steht und das Wasser träge fließt, schmatzen die Döbel (Aitel) wie ein ganzer Stall voll Ferkel. Das sind eindrucksvolle Erlebnisse; so ist es auch verständlich, daß fast alle Autoren, die über Maifliegen berichten, sich in der Bewunderung dieser Fliege in seitenlange Lobeshymnen ergießen. Leider ist von den einst sieben großen Familien der Maifliegen in Mitteleuropa nicht mehr viel übrig geblieben. Die meisten Arten sind ausgestorben, so daß für uns eigentlich nur mehr die Gattung der *Ephemera* von Bedeutung ist. Die bekanntesten Arten sind *E.danica, E.vulgata, E.lineata* und *E.glaucops.* Die *E.glaucops* ist die kleinste und seltenste Art dieser Gattung.

> Aussehen: Generell gilt für alle Maifliegen (außer *E. glaucops,* die etwas dunkler und kleiner ist): Etwa 25 mm langer, schmutzig weißer Körper; vier Flügel, die vorderen zwei bis 22 mm lang, gelb-grünlich.

Die Hauptschlüpfzeit der Maifliege sind die Monate Mai/Juni; kann sich jedoch in den Alpen und höheren Lagen bis in den Juli verschieben.

Eine weitere, recht interessante Fliege aus der Familie der *Ephemerellidae*, ist die *Ephemerella ignata,* kurz als B. W. O. (engl.: Blue Winged Olive) bezeichnet. Diese Art schlüpft von Mai bis Oktober, sie bevorzugt schnelle Gewässer, mitunter reißende Gebirgsbäche. An manchen Tagen kann es zu starkem Schlüpfen der B. W. O. kommen, wobei die Fliegen relativ lange am Wasser sind. Dies wiederum hat ein gutes »Steigen« der Fische zur Folge.

> Aussehen: Der Körper der *E. ignata* ist etwa 15–20 mm lang und anfangs olivfarben, die Flügel haben eine blaugraue Färbung, später wirken Körper und Flügel bräunlich. Wie alle anderen Arten aus der Familie der *Ephemerellidae* besitzt auch die BWO vier Flügel und drei Schwanzfäden.

Bei der Bestimmung der einzelnen Arten dieser Familie kann es manchmal schon problematisch werden, denn, obwohl die Fliegen aus dem gleichen Wasser stammen, können sie in Färbung und Größe sehr unterschiedlich auftreten.
Wie schon angedeutet, gibt es natürlich mehrere Unterarten der *Ephemerellidae,*

Abb. Seite 33
Oben: Eine aparte Schönheit, die Maifliege.

Mitte links: Frisch geschlüpftes Insekt der Gattung *Ecdyonurus*.

Mitte rechts: Eintagsfliege, auch kurz BWO bezeichnet (engl.: Blue Winged Olive).

Unten links: Köcherfliege. Typisch sind die am Rücken dachartig zusammengefalteten Flügel.

Unten rechts: Steinfliege. Auch ihre Flügel sind ähnlich wie bei der Köcherfliege am Rücken anliegend.

die ebenfalls für den Fliegenfischer von Interesse sind; wir wollen es aber mit der Beschreibung der *E.ignata* belassen.
Der aufmerksame Leser konnte bis jetzt feststellen, daß es sich bei den Eintagsfliegen um eine Vielzahl von Familien und Arten handelt, wovon wir uns lediglich, die meiner Meinung nach, wichtigsten Arten angesehen haben, um so einen kleinen Einblick ins Leben dieser Tiere zu gewinnen. Doch wenden wir uns nun deren Larven und Nymphen zu.

Nymphen-Arten – Wir haben es bei den Nymphen mit verschiedenen Gruppen zu tun, wobei jede Nymphenart eine spezielle Lebensweise und Ernährung an den Tag legt.
In schnellen, sauerstoffreichen Gewässern leben unter anderem Steinklammerer der Gattung *Rhithrogena* und *Ecdyonurus.* Die Larven der *Rhithrogena* z. B. findet man im Wasser an den reißendsten Stellen, an der Unterseite von Steinen (leichter Hohlraum) bevorzugt. Durch Festsaugen wird ein Abtreiben in der schnellen Strömung verhindert. Die Gattung der *Ecdyonurus* ist durch ihren abgeflachten Körper an diesen extremen Lebensraum angepaßt.

Grabende Nymphen und **Schlammkriecher** – Bei den grabenden Arten handelt es sich meist um große Larven, wie z. B. der Art *Ephemera danica.* Indem sich die *E. danica* eine Wohnhöhle gräbt, ist sie vor Feinden sicher. Um die Nymphenhaut zu wechseln, muß sie jedoch ihre Höhle verlassen, die sie sich nach der Häutung sehr rasch wieder neu gräbt.
Larven, die man zu den Schlammkriechern zählt, besitzen meist ein dichtes Haarkleid (borstige Haare), in dem Schlamm hängen bleibt und ihnen so eine gute Tarnung verleiht. Freischwimmende Nymphen, z. B. *Baetis* sind weit verbreitet, sie kommen im schnellen Wasser, in stehenden Tümpeln und Seen, wenn sie sauerstoffreich genug sind, ebenso vor. Schnell schwimmende Arten, die durch flossenartig ausgebildete Schuppen am Hinterleib oder wasserausstoßend (Rückstoßprinzip) an ihren Lebensraum sehr gut angepaßt sind, können teilweise sehr weit ins freie Wasser hinausschwimmen. Langsam schwimmende Arten dagegen halten sich fast immer in der Nähe von Steinen und Pflanzen auf.
Eine andere, weit verbreitete Art sind die kletternden Larven. Sie bewegen sich, wie der Name schon sagt, kletternd zwischen Steinen und Pflanzen im Wasser umher. Auch im Moos der Gewässer ist diese Art häufig anzutreffen.

Zweiflügler

Zur Familie der Zweiflügler gehören mehrere tausend Arten, unter anderem Zuckmücken, Kriebelmücken, Bachmücken und Stelzmücken, um nur einige zu nennen. Die Larven dieser Mücken sind für uns wichtig, speziell beim Fischen mit dem Schußkopf (Stillwasserfischen). Wer sich auf das Fliegenfischen an Seen und Talsperren spezialisiert, der kommt nicht umhin, sich mit den Zweiflüglern (insbesondere den Mückenlarven) näher zu befassen.

Köcherfliegen

Wir erkennen die Köcherfliegen, in groben Zügen beschrieben, an den dachartig gefalteten und langen Flügeln, die am Rükken anliegen. Es gibt etwa 250 Arten in Mitteleuropa. In Flachlandseen, Tümpeln, selbst im Gebirge in schnellen Gewässern leben die Larven als auch die Fliegen dieser Ordnung. Die Köcher dieser Larven entstehen nach einem genau bestimmten Bauplan, wobei das Köchermaterial vollkommen der Umgebung angepaßt ist. In Tümpeln mit Laub und Holz z. B. sind auch die Köcher aus Holz, im steinigen Flußbett sind auch diese aus Stein.
Wir unterteilen bei den Köcherfliegen und deren Larven drei große Gruppen:

1. Köchertragende, vegetarisch lebende Larven; der Köcher wird bei der Verpuppung geschlossen.
2. Räuberische Köcherfliegen, deren Larve baut sich ein schlauchförmiges Netz in Strömungsrichtung, in dem sich alle möglichen Kleintierchen verfangen.
3. Räuberische Larve; sie wandert zwischen den Steinen umher, bei der Verpuppung baut sich die Larve ein Steinhaus, das an der Unterseite von Steinen verankert wird.

Für uns Fliegenfischer ist die **Sedge** eine sehr wichtige Köcherfliegenart. Ihre Schlüpfzeiten sind von April bis Oktober. Sie lebt wesentlich länger als Imago an Land und als Eintagsfliege ist sie auch in der Lage, Nahrung (Pflanzensäfte) zu sich zu nehmen.

Die Paarung der Sedge findet meist an Land statt. Zur Eiablage geht das Weibchen u. a. an Steine, die aus dem Wasser ragen, wobei sie diese Aufgabe durch Klopfen mit dem Hinterleib auf die Wasseroberfläche bewerkstelligt. Da manche Arten am Abend schlüpfen (Sedges sind Nachttiere) kommt es auch in dieser Zeit noch zu einem guten Steigen der Fische (Abendsprung). Allein durch die Tatsache, daß sich im August und September viele Köcherfliegen im Ufergebiet und an Sträuchern im Wasser aufhalten, ist das Befischen dieser Streckenabschnitte mit Sedge-Imitationen für den Fliegenfischer meist mit Erfolg gekrönt. Da durch Windböen immer wieder Sedge verunglücken und auf dem Wasser liegenbleiben, nehmen die Fische auch eine gut präsentierte Imitation, auch wenn gerade keine Schlüpfzeit stattfindet.

Steinfliegen

Sie spielen in der Fliegenfischerei bei weitem nicht die Rolle, die sie möglicherweise auch wegen ihres klangvollen Namens vom Handel zugeordnet bekommen haben. Die Steinfliegen sind in vielen Arten in Mitteleuropa vertreten und leben in fast allen sauerstoffreichen Gewässern. Diese Tierchen sind einer der wohl schlechtesten Flieger, die wir bei den Wasserinsekten (geflügelte Arten) kennen. Wenn in nahrungsarmen Gebirgsgewässern bei Schneefall und Kälteeinbruch kaum andere Arten schlüpfen, kann man mit Imitationen der Steinfliege gute Fänge erzielen. Anders ist es aber in nahrungsreichen Gewässern. Hier geht die Wichtigkeit der Steinfliege durch ihr schwaches Schlüpfen gegenüber dem doch starken Aufkommen vieler anderer Arten meist unter. Anders aber verhält es sich in verschiedenen sauerstoffreichen Gewässern der Mittel- und Hochgebirge, in denen noch große räuberische Arten (18–30 cm) aus den Familie *Perlidae* und *Perlodidae* vorkommen. Hier spielen diese Steinfliegen in ihrer Hauptflugzeit, die in die Monate Mai, Juni fällt, für den Flugangler eine gewichtige Rolle. Nymphenimitationen und auch Nachbildungen des fertigen Insekts können ein erfolgreiches Fischen bescheren.

> Aussehen: Bei den kleineren Arten in Mitteleuropa erreicht der Körper eine Länge von etwa 10 mm, und besitzt vier, fast durchsichtige Flügel, die in Ruhestellung am Körper anliegen, zwei kurze Schwanzfäden und mehrgliedrige Fühler. Die Nymphen der Steinfliege sind länglich und meist braun bis schwarz; sie besitzen ebenfalls zwei Schwanzfäden. Nymphen dieser Art werden sehr leicht mit Eintagsfliegen verwechselt.

Kunstköder – Fliegenimitationen

»Auch die beste Fliege ist nur so gut, wie sie dem steigenden Fisch vom Angler präsentiert wird.« Dieser Satz ist bestimmt den meisten Lesern bekannt. Natürlich ist es Unsinn, daß ein geübter Fliegenfischer eine ganze Saison mit ein oder zwei verschiedenen Fliegentypen auskommt, jedoch genau widersinnig ist es, sich ein ganzes Händlerlager an Fliegen, Nymphen und Streamern zuzulegen. Bei jenen Fliegenfischern, die im Stande sind, ihre Fliegen selbst anzufertigen, halten sich die Kosten für ein großes Sortiment an Fliegen noch in Grenzen. Ansonsten sind Fliegen eine fast zu teure Angelegenheit (Stückpreise von DM 2,– bis DM 5,–, in Spezialgeschäften teilweise sogar noch höher), um sich eine Art Händlerlager anlegen zu wollen.
Gerade aber die Anfänger sollten »gute« Fliegen in nicht zu knapper Zahl und in verschiedensten Variationen mit sich führen. (»Gute« Fliegen müssen nicht teuer sein. Eine 2,– DM Fliege ist völlig ausreichend, wenn sie nur brauchbar ist, d. h. mit dem schlüpfenden Insekt übereinstimmt.)
Wie oft gehen Neulinge in ein Fachgeschäft und werden dort von (im Fliegenfischen) unerfahrenen Verkäufern ausgerüstet. Es ist dann leider immer wieder traurig mitansehen zu müssen, wenn Kohlefaserruten und anderes Zubehör von mehreren 100 Mark gekauft wird und dann von den Fliegen noch einige verschiedenfarbige, struppige »Viecher«, meist gratis dazugegeben werden mit dem Hinweis, diese würden für den Anfang völlig ausreichen. Dem ist aber nicht so, denn gerade Anfänger, die im Werfen noch ungeübt sind, brauchen gut gebundene und jahreszeitlich auf das natürliche Insektenangebot abgestimmte Fliegen, um den steigenden Forellen in ihrer nächsten Nähe wenigstens die richtige Fliege anzubieten und somit fehlendes werferisches Können einigermaßen auszugleichen.
Natürlich ist auch dabei ein wenig theoretisches Wissen angebracht, denn besonders Anfänger verzweifeln dann leicht, wenn ihre Fliege stundenlang von keinem Fisch genommen wird, obwohl diese ringsum steigen. Auch hier würde es, wie im vorhergehenden Kapitel, in dem es sich um einen kleinen Einblick in die Insektenwelt handelt, den Rahmen dieses Buches sprengen, wolle man alles (Bindeweisen, Hahnenbälge, Hakenarten usw.) anführen.
Wir werden uns nur mit den wichtigsten Fliegen und deren Verwendung befassen. Damit möchte ich dem Anfänger im Fliegenfischen einen Weg zeigen, worauf es bei den Fliegen grundsätzlich ankommt. Auch manche Angler, die schon längere Zeit mit der Fliege der nassen Waid nachgehen, werden vielleicht das eine oder andere hier beschriebene für ihre selbstgebundenen Fliegen verwenden können.

Trockenfliege

Diese Bezeichnung für die Imitation eines flugfähigen Insekts das schwimmend – also trocken – angeboten wird, ist sicher nicht ganz richtig. Auch Naßfliegen und Streamer z. B. sind anfangs trocken, und trotz Einfetten sind Trockenfliegen nach mehreren Würfen naß. Trotzdem ist es die grundlegendste und eigentlich beste Bezeichnung für alle Insektenimitationen, sowie Reizfliegen, welche eigentlich keine natürlichen Vorbilder aufweisen können und die ebenfalls schwimmend angeboten werden.
Trockenfliegen werden in verschiedenen Bindeweisen angefertigt. Jeder Routinier im Flugangeln schwört auf die eine oder andere Art des Bindens. Es ist hier ähnlich

Verschiedene bei uns gebräuchliche Trockenfliegenmuster.

wie bei den Ruten, der Ausrüstung oder der Wurftechnik. Prediger gibt es nicht nur im Fliegenfischen genug, sondern wie wir wissen, auch in allen anderen Sportarten. Wir aber wollen uns hier an gute, bewährte Bindeweisen halten.

Hechelfliege – Sie gehört zu den am einfachsten herzustellenden Fliegen. Sie werden aus Haken, Bindeseide für den sehr dünnen Körper, Federfibern für das Schwänzchen und Hahnenhechel für den Hechelkranz, angefertigt (Abb. S. 42). Mit diesen Hechelfliegen lassen sich sehr gut die wichtigsten Eintagsfliegen nachahmen. Zum Beispiel beim Schwärmen der *Baetis rhodani,* versuchen wir mit unserer Hechelfliege der Färbung des natürlichen Insekts möglichst nahe zu kommen (Blue Dun). Auch Maifliegen, bei denen im Hechelkranz noch zusätzlich Rebhuhnfibern eingebunden werden, sind gut fängige Hechelfliegen. Wir belassen es vorerst bei diesen beiden Beispielen, denn im Prinzip können wir so gut wie jede Eintagsfliege durch die Hechelfliege imitieren.

Palmer (buschige Fliegen) – Diese Fliegen bestehen aus mehreren Hechelkränzen, wobei sich im Gegensatz zur Hechelfliege, bei der sich ein Hechelkranz an dem Hakenöhr befindet, beim Palmer kann sich der Hechelkranz von dem Hakenöhr bis zum Hakenbogen fortsetzen. Dabei können zum Beispiel drei verschiedenfarbige Hecheln angebracht werden, wie bei der »France Tricolore«, oder zweifarbig bei der »Bivisible«. Bei diesen Arten sind zusätzlich noch Schwanzfedern eingebunden. Man fischt mit Palmern gerne in schnellen Gewässern, denn durch die meist stärkere Strömung haben die Fische fast keine Möglichkeit, genauer nachzuforschen, ob sie den dicken Brummer kennen oder ob sich daraus eine fatale Situation für sie entwickeln könnte. Wenn die Palmer einigermaßen gut präsentiert wird, kommt der angepeilte Fisch auch meist hoch und schnappt sich diese buschige Fliege, bevor sie von der schnellen Strömung fortgetrieben wird. Im Sommer und Herbst lassen sich palmerartig gebunden Fliegen in bewegtem Wasser gut als Sedge (Köcherfliegenimitationen) einsetzen. Im ruhigen Wasser, bedingt durch die bessere Sicht der Fische nach oben, haben Palmer bei den vorsichtigeren Salmoniden meist wenig Chancen. Anders jedoch bei den Döbeln, die eigentlich meist sehr mißtrauisch sind. Sie haben immer eine Schwäche, auch in stehendem Wasser, für diese (im Vergleich zu den schlanken Hechelfliegen) doch sehr unförmig aussehenden Palmerarten.

Flügelfliege – In ihrem Aufbau ähnelt diese Art stark der Hechelfliege, jedoch mit dem Unterschied der beiden eingebundenen Flügel. Meist sind dies kleine, auf Flügelform zurechtgestutzte Federn. Viele Fischer ziehen diese Art der Hechelfliege vor, da sie der Meinung sind, daß diese Fliegen (durch die zusätzlichen Flügel) auf die Fische optisch besser wirken und dadurch fängiger sind. In stark überfischten Gewässern mag unter Umständen zutreffen, daß Salmoniden besser nach Flügelfliegen steigen. Mit Sicherheit kann man dies jedoch nicht sagen. Flügel- und Hechelfliegen haben eines gemeinsam und zwar den Hechelkranz, durch den sie ihre Schwimmfähigkeit erhalten. Auch eine noch so gut gebundene Hechel ist immer etwas unnatürlich. Für den Fisch sind die aufrecht in den Hecheln eingebundenen Flügel meist kaum sichtbar. Darum bin ich persönlich der Meinung, daß für den Fisch eigentlich nur das Gesamtbild (Umriß und Helligkeitsgrad) der Fliege ausschlaggebend ist, ob er die Kunstfliege nimmt, oder wieder abdreht. Wer sich z. B. schon einmal das schlanke Körperchen einer Eintagsfliege (Imago) angesehen hat, wird feststellen, daß die in der Flügelfliege hochstehend eingebundenen Flügel eigentlich nicht nötig sind, außerdem sind sie im Handel meist etwas teurer als die Hechelfliege.

Flügelfliege mit waagerechten Flügeln (Spent) – Bei den Fliegen mit den waagrecht eingebundenen Flügeln können wir, im großen gesehen, schon einige Vorteile gegenüber der normalen Flügel- oder Hechelfliege feststellen. Allerdings nur dann, wenn auch tote Fliegen auf der Wasseroberfläche treiben. Dem Zyklus im Leben der Eintagsfliegen folgend, sterben die Insekten nach der Eiablage auf dem Wasser und treiben mit ausgestreckten Flügeln dahin (Spent). Oft kommt es bei manchen Eintagsfliegenarten zu einem Massensterben (Spinnerfall). Bei einem solchen Spinnerfall eingesetzte, in Spentform gebundene Fliegen, können dann für den Angler sehr erfolgreich sein. Es muß trotzdem darauf geachtet werden, daß Umriß, Größe und Färbung der Kunstfliege, so gut wie möglich dem natürlichen Nahrungsangebot gleicht. Dies ist nicht allzu schwer, denn die meisten Arten der Eintagsfliegen wirken nach ihrem Tod unansehnlich, farblich eintönig grau-bräunlich, so daß hier die berühmte und bekannt Moskito, als beste Spentfliege angeführt werden kann. Moskitos sind in fast jedem Anglergeschäft erhältlich. Sie sehen eintönig grau-braun aus. Die Flügel stehen waagrecht ab, das Körperchen wirkt dünn und zerbrechlich und das Ende der Fliege verläuft in ein paar eingebundene Schwanzfibern aus.

No Hackle-Fliege – Diese Fliege ist erwähnenswert, weil bei ihr der Hechelkranz fehlt, wie dies bereits die englische Bezeichnung andeutet. Auch bei dieser Art ist, wie bei den meisten Eintagsfliegenimitationen, ein Schwänzchen vorhanden. Daß No Hackle-Fliegen das Wunder der Fliegenfischerei bedeuten könnten, ist leider ein großer Irrtum. Bei herkömmlichen Trockenfliegen ist uns allen der Hechelkranz ein Dorn im Auge, besonders wenn wir an den vorbeschriebenen schlanken Insektenkörper denken. Ausschließlich mit diesem und den feinen Beinchen berühren geschlüpfte Eintagsfliegen die Wasseroberfläche. Auf diesem Wasseroberflächenfilm treiben sie dann, aufrecht sitzend und die Flügel nach oben gefaltet bis zum Abheben, mit der Strömung flußabwärts. Gerade das kann bei der Entwicklung der No Hackle-Fliege ausschlaggebend gewesen sein, den Hechelkranz wegzulassen. Ohne diesen jedoch lassen sich keine sehr dünnen Körperchen binden. Die Fliege würde trotz oftmaligem Einfetten durch ihr schweres Eigengewicht bald zur Naßfliege werden. Aus diesem Grund werden No Hackle-Fliegen, um wenigstens kurzfristig zu schwimmen, am Hakenschenkel ziemlich dick, meist mit flauschigen Materialien gebunden. Auch sonst besitzen diese Fliegen, gegenüber Hechel- oder Flügelfliegen, keine nennenswerten Vorteile.

Köcherfliegen, Haarfliegen – Köcherfliegen haben, auf dem Wasser sitzend oder eiablegend, die Flügel meist nach hinten gefaltet. Die Imitation besitzt ebenfalls einen Hechelkranz am Hakenöhr, um die bereits beschriebene Schwimmfähigkeit zu erreichen. Unter den nach hinten ausgerichteten Flügeln, die aus Federn oder Kunststoff angefertigt sind, werden noch zusätzlich Hecheln angebracht, die eine noch größere Stabilität der Fliege im Wasser gewährleisten sollen. Die nach rückwärts gerichteten Flügel können auch durch kleine Rehhaarbüschel oder Ähnlichem ersetzt werden, wie dies von erfahrenen Anglern meist auch gerne gemacht wird. Rehhaare z. B. sind porös und bieten uns hervorragende Möglichkeiten im Fliegenbau. Bei manchen Fliegenimitationen sind auch die Körperchen aus Tierhaaren gebunden. Diese Art von Fliegen nennt man dann Haarfliegen. Ihre Fertigung ist aufwendiger, deshalb sind diese Fliegen auch teurer.

Reizfliegen – »Panama« oder »Coachman« sind wohlklingende Namen für Reizfliegen, die trocken präsentiert werden und auch fast jeder erfahrene Angler kennt. »Panama« z. B., um nur eine zu beschreiben, ist in der Regel in Spentform gebunden und sehr bunt. Der Körper besteht aus roter Bindeseide, wobei vorne und hinten noch zusätzlich Pfauenfibern eingebunden sind. Hechelkranz und Flügel sind leicht bräunlich mit waagrecht abstehen Flügeln (Spent). Die »Panama« ist ein altes Bindemuster, welches aber in den letzten Jahren sehr verfälscht wurde. In der Natur gibt es für diese Kunstfliege kaum Vorbilder, doch ähnelt sie sehr stark auf dem Wasser treibenden bunten Käfern und anderen Landinsekten, die im Sommer manchmal durch Sturm und Gewitter verunglücken. Deshalb ist auch die im Wasser treibende »Panama« eine recht interessante Beute für die stets gefräßigen Forellen und aus unserer Fliegendose schlecht wegzudenken.

In vorausgegangenen Beschreibungen habe ich versucht, Klarheit in das verwirrende Angebot an Trockenfliegen zu bekommen. Auch war dies mit Hinweisen für gute oder weniger brauchbare Bindeweisen der einzelnen Fliegen und derer Einsetzbarkeit verbunden.

Wir werden nun versuchen, an Hand bekannter Fliegennamen, ein Kunstködersortiment für eine komplette Fangsaison zusammenzustellen. Dies kann besonders dem Anfänger eine kleine Hilfe bei der Bestückung seiner Fliegendose sein, wenn es darum geht einigermaßen ausgerüstet zu sein und für alle Fälle eine halbwegs passende Fliege zu haben (s. auch Abb. Seite 30).

Frühjahr – Märzbraune, Blue Dun, Yellow Dun, Bivisible, France Tricolore, Maifliegen, Iron Blue Dun, Hares Ear, Moskito, Palmer; diese sollten in Hakengrößen 12 und 14 vorhanden sein.

Sommer – Moskito, Blue Dun, Iron Blue Dun, Panama, Coachman, Sedge, Bivisible, France Tricolore, Grey Dun, Olive Dun, August Dun, Trout Fly, Palmer; dafür empfohlene Hakengrößen 12, 14 und 16.

Herbst – Blue Dun, Olive Dun, Yellow Dun, Sedge, Bivisible, France Tricolore; Hakengrößen 16 und 14.

Spätherbst – Blue Dun, Yellow Dun, Steinfliegenimitationen, Hakengrößen 16 und 18.

Die hier angeführten Fliegenmuster sind natürlich kein Garantieschein beim Befischen x-beliebiger Gewässer, doch liegen diesen Fliegenimitationen natürliche Vorbilder und altbewährte Bindemuster zugrunde. Diese Eintagsfliegen sind noch häufig an den verschiedensten Gewässern anzutreffen.

Aufsteiger-Auskriecher

Als Aufsteiger bezeichnet man Nymphen, die vor ihrer Verwandlung zum geflügelten Insekt den Gewässergrund verlassen und an die Wasseroberfläche schwimmen. Manche Arten werden, bedingt durch das, unter ihrer Nymphenhaut befindliche Gas an die Oberfläche getrieben. Bei beiden vollzieht sich das Aufsteigen relativ rasch.

Als Auskriecher bezeichnet man jene Arten, die sich zwar in derselben Entwicklungsphase befinden, jedoch den Weg zur Wasseroberfläche durch Hochklettern an Steinen, Wurzeln, Pfählen usw. überwinden. Diese Arten, also Aufsteiger und Auskriecher, werden mit dem Sammelbegriff **Emerger** bezeichnet. Der Ausdruck kommt von Emergenz, denn so bezeichnet man den Schlüpfvorgang zwischen dem letzten Stadium als Nymphe und der ersten als Insekt. Diese Vorgänge sind natürlich schon seit früher Zeit bekannt. Der Fliegenfischer erkennt dies, wenn einzelne Fische ohne ersichtlichen Grund zu steigen beginnen. Gemeint ist damit, daß sich keine Fliegen an der Wasseroberfläche befinden. Dies ist ein typisches Zeichen dafür, daß die Fische auf Aufsteiger Jagd machen. Wenn Aufsteiger in sehr großer Zahl vorhanden sind, artet dies meist in einer Freßorgie der steigenden Flossenträger aus. Geübte Fliegenfischer, die bereits des öfteren das Steigen der Fische nach Auf-

Schwimmhaltung der Aufsteiger-Nymphe

steigern beobachten konnten, erkennen dies meist rasch an der Art wie die Fische das Wasser durchkurven und ersparen sich somit ein längeres Suchen nach Insekten auf der Wasseroberfläche. Die durch Gase hochtreibenden oder sehr schnell hochschwimmenden Nymphen, werden von den Fischen oft erst kurz unter der Wasseroberfläche als diese erkannt. Dadurch, daß die Nymphen erst kurz vor, oder direkt an der Oberfläche von den Fischen genommen werden, entsteht dieses Durchkurven oder seitlich Wegkippen. Dies bringt wiederum sehr große Ringe mit Wasserspritzern mit sich. Anfänger sind dann oft der Meinung, daß sie gerade zu einem besonders guten Steigen der Fische rechtzeitig gekommen sind und präsentieren ihnen auch prompt ihren größten Brummer an Fliege. Sie werden eine herbe Enttäuschung erleben, denn bei der Jagd nach Aufsteigern sind die Fische voll und ganz auf diese konzentriert. Man kann sie dann nur mit Aufsteiger-Nachbildungen an den Haken bekommen.
Gute Aufsteigerimitationen sind erst seit einigen Jahren in den Angelgeschäften erhältlich und sehen meist wie folgt aus: Langschenkelige Haken, beste Farbtöne sind braun, gelb, schwärzlich; direkt nach dem Hakenöhr sollte ein Styroporkügelchen oder ein ähnlich schwimmendes Material eingebunden sein – Schwanzfäden. Durch die Schwere des langschenkeligen Hakens und dem Auftrieb des Styroporkügelchen am Hakenöhr hängt die Aufsteigerimitation, mit dem Hinterteil nach unten, schräg im Oberflächenfilm des Wassers. So sehen auch die Fische die Aufsteiger, bevor sie zuschnappen.
Auskriecher nachzuahmen hätte logischerweise keinen Sinn, da diese nach dem Hochklettern an Steinen und Wurzeln sofort schlüpfen und außerdem von den Fischen in diesem Stadium nur sehr schwer erkannt werden.
Zu erwähnen wären noch manche Eintagsfliegenarten, die sich bereits durch Festklammern an Steinen am Gewässergrund verpuppen. Wenn diese dann, als fertiges Insekt nach oben treiben, setzen wir als Imitation am besten »zerzauste« Fliegen ein. Bestes Vorbild dafür ist das »Hasenohr« (Hares Ear), oder wir verwenden alte zerzauste oder bräunlich-grau wirkende Fliegen. Diese sollten sehr schlank gebunden sein und wie ein totes Insekt aussehen. Solche Fliegen werden vor dem Präsentieren nicht gefettet, denn sie sollen leicht in den Wasseroberflächenfilm einsinken und nur an der schwimmenden Leine verwendet werden.

Hinweise zum Fliegenbinden

Trockenfliegen, Naßfliegen, Nymphen oder Streamer, sie alle sind kleine Kunstwerke aus Federn oder sonstigen Materialien. Es gibt Fliegenbinder, die so perfekte und wunderschön anzuschauende Fliegen binden, da tut es einem fast leid, mit so einem kleinen Kunstwerk eines Spezialisten auf Jagd zu gehen. Man benötigt viel Übung, Geduld und großes Wissen über verschiedene Bindeweisen, bis die Technik zu einem solchen Können gereift ist.
Um beim Fliegenbinden optimal »aus dem Vollen schöpfen« zu können, bzw. einen Großteil an Materialien für die verschiedensten Fliegenmuster parat zu haben, ist außerdem noch einiges Geld nötig. Besonders die Grundausrüstung zum Fliegenbinden ist relativ teuer, darüber sollte sich

Binden einer einfachen Trockenfliege

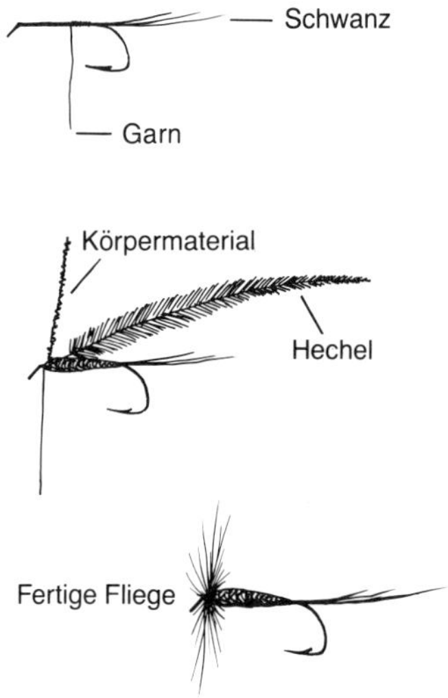

jeder, der seine Fliegen selbst herstellen möchte im Klaren sein. Hier sollte sich der Neuling wirklich überlegen, ob es sinnvoll ist, sich solch eine Ausrüstung zuzulegen oder ob das Fliegenfischen überhaupt nur einen momentanen Zeitvertreib darstellt, denn alleine ein guter Bindestock kostet z. B. schon an die 200 DM. Um alles parat zu haben wie Hechelklammern, Spulenhalter, verschiedenste Scheren, Kopfknotenwinder, Lupen, Bindeseiden, Lacke, Hahnenbälge, Haken, Tierhaare, um einmal einiges zu nennen, muß man nochmals mindestens 500,– bis 600,– DM dazulegen. Besonders bei den Hahnenbälgen sollte man dabei auf keinen Fall den finanziellen Rotstift ansetzen, denn gerade diese Bälge der besseren Qualitätsklasse sind für eine gute Trockenfliegenhechel unentbehrlich.

Diese ganze Überlegung erübrigt sich natürlich, sollte ein Flugangler mit viel Freude bei der Sache sein und seine Fliegen unbedingt selbst binden wollen, denn diese Beschäftigung ist besonders außerhalb der Saison und an Wintertagen, die nicht einmal zu kurzen Spaziergängen einladen, eine wunderbare Ergänzung der gesamten Fliegenfischerei. Ich kann leider auch hier, beim komplexen Thema »Fliegenbinden«, nur im Rahmen dieses Buches bleiben und Ihnen, verehrter Leser, einige Tips anbieten. Vor Anschaffung einer kompletten Fliegenbindeausrüstung möchte ich Ihnen raten, einen Bindekurs, wie er bei den meisten Fliegenfischerkursen angeboten wird, zu absolvieren. Sie können so eher herausfinden, ob Ihnen das Fliegenbinden auch wirklich Freude bereitet. Ist dies jedoch der Fall, kann man auch auf einschlägige Fachliteratur zurückgreifen.

Anbietetechnik

Allgemeines über Forellen und Äschen

Wenn wir vom Fischen mit der Trockenfliege sprechen, bezieht sich dies meist auf Äschen oder Forellen, aber auch auf Bachsaiblinge. An stehenden Gewässern kommt es auch vor, daß auch Seeforellen nach der Fliege steigen. In der Regel handelt es sich dabei um untermaßige Fische. Nur an Seen, in denen die Maifliege in großer Zahl schlüpft, steigen auch bei großem Fliegenangebot auf dem Wasser kapitalere Seeforellen (1 bis 2 kg) nach den Insekten. Noch größere Seeforellen, wie auch andere Forellenarten über 3 kg, sind auf der Trockenfliege als reine Zufallsfänge anzusehen. So große kapitale Fische leben, bedingt durch ihren großen Nahrungsbedarf, nur mehr räuberisch (kleine Fischlein).

Der Hauptfisch beim Fliegenfischen in unseren mitteleuropäischen Gewässern ist nach wie vor die Bachforelle. Diese Salmonidenart ist bei uns in verschiedenen Stammformen, von denen einzelne Arten sehr schnellwüchsig sind (35 cm innerhalb von drei Jahren), andere im Alter von sechs Jahren höchstens 30 cm groß sind, vertreten. Es wäre allein zum Thema Bachforellen natürlich mehr zu sagen. Belassen wir es aber bei unserer »Rotgetupften«, wie die Bachforelle auch gerne genannt wird, als den wohl bei uns speziellsten Fisch für die Fliegenfischerei, da ja die Fangtechnik im Vordergrund stehen soll.

Natürlich darf hier auch die Regenbogenforelle nicht zu kurz kommen. Vielerorts ist sie der alleinige Vertreter aus der großen Salmonidenfamilie. Dort, wo das Wasser eine schlechte Qualität hat oder sehr sauerstoffarm ist, wie auch in den vielen Baggerseen, ist sie in der Lage mit den denkbar ungünstigsten Verhältnissen fertig zu werden. Kämpferisch ist die Regenbogenforelle, wenn sie gleichrangig mit einer Bachforelle im selben Fließgewässer aufgewachsen ist, der »Rotgetupften« überlegen. Auch versteht sich die Regenbogenforelle in unseren Fließgewässern durchzusetzen (bei denen sich die Bestände vielfach aus mehreren Fischarten zusammensetzen). So bezieht die Regenbogenforelle z. B. auch Standplätze in der Strömungsmitte (Mittelwasser) der Flüsse, an denen normalerweise nur Äschen stehen. Da die aus Amerika eingebürgerte Salmonidenart streitsüchtiger ist als unsere heimische Art, vertreibt die Regenbogenforelle, wenn sie in großer Zahl auftritt, die Äschen. Auch Bachforellen geben beim Kampf um einen Standplatz schnell auf. Unter anderem halten sich kapitale Regenbogenforellen oft im Flachwasser der Flüsse auf, wie dies bei Bachforellen kaum zu beobachten ist und machen Jagd auf Jungfischchen, was für Bewirtschafter äußerst nachteilig ist. Trotzdem gibt es im Fliegenfischen viele Anhänger (auch Bewirtschafter) und Förderer bei Besatzmaßnahmen zugunsten der Regenbogenforelle. Selbst Leser, die in all diesen Dingen noch wenig Erfahrung besitzen, werden schon bemerkt haben, daß es speziell in der Bewirtschaftung von Fließgewässern um mehr geht als nur um große Bestände.

Daher soll hier ein Wort zugunsten der Bachforelle gesprochen werden, denn wir Fliegenfischer legen Wert auf waidmännische Einstellung und intakte Natur. Dazu gehört auch das Schützen einzelner Arten. Wir Fliegenfischer sollten dafür eintreten, daß eines Tages nicht nur Regenbogenforellengewässer vorherrschen, sondern daß die eigentlichen Salmonidenarten in unseren heimischen mitteleuropäischen Gewässer Bachforellen und Äschen sind. Bewirtschafter, die nur daran interessiert

Regenbogenforellen sind im Drill harte Kämpfer. Diese hier katapultiert sich förmlich rückwärts aus dem Wasser.

sind, in ihren Fließgewässern einen möglichst großen Bestand an Salmoniden zu haben und dies zu geringsten Kosten, (deshalb auch nur die preislich »günstigeren und pflegeleichteren« Regenbogenforellen einsetzen) sollten von uns, darauf hinweisend, angesprochen werden. Ich könnte mir vorstellen, daß auch der Leser mit mir einer Meinung ist, obwohl wir hier die Fliegenfischerei kurz verlassen haben

Ein erfolgreicher Fliegenfischertag ist zu Ende.

und auf dieses doch sehr heikle Thema der Bewirtschaftung von Fließgewässern hingewiesen haben, denn unsere Flüsse und Bäche gehen uns alle etwas an. Die speziellen Rechte Einzelner (Bewirtschafter, Pächter von Gewässern) sollten nicht als Freibrief zum Geldverdienen mit Lizenz angesehen werden.

Die Äsche ist für viele nicht nur die schönste Art aus dieser Großfamilie der Flossenträger, vielmehr ist sie, für nicht wenige Fliegenfischer, der interessanteste Fisch. Äschen reagieren sehr empfindlich auf Wasserverschmutzungen und benötigen viel Sauerstoff (strömungsliebend). Äschen brauchen keine Unterstände wie etwa die Bachforelle. Die Großen dieser Art, die Grundäschen, wie sie auch genannt werden, stehen meist weit draußen im Fluß und zwar dort, wo die Strömung nicht allzu stark ist und größere Steine den Gewässergrund bedecken. Durch die in eine Richtung wirkende Strömung entsteht ein Sog hinter den Steinen, dies ist somit auch für die großen Äschen genug Standplatz. Diese Stellen im Fluß (an der Wasseroberfläche durch keine allzu großen Wellen erkennbar, ziehen sich oft 100 m und länger dahin) nennt man **Äschen-Rinner.**

Gut zu erkennen bei dem hier gezeigten Drill ist die Fahne (Rückenflosse) der Äsche. Besonders im letzten Augenblick vor dem Landen richten Äschen die Fahne steil auf, um so noch mehr Kraft zu bekommen.

Wie dieser Ausdruck schon andeutet, halten sich in diesem Flußstück mehrere Äschen auf. Entstehen kann so eine Stelle durch einen aufgeschwemmten Schotterwall im Fluß über den das Wasser »rieselt«. Den Einlauf in den Rinner nennt man **Riesel**. Dort, wo das Wasser aufhört zu rieseln, tiefer wird und der Rinner beginnt, stehen in der Regel gute Äschen oder auch Regenbogenforellen, seitlich entlang der Ufer und bei großen Steinen im Wasser ist auch mit der Bachforelle zu rechnen.
Wesentlich kürzer in ihrer Ausdehnung sind **Gumpen**. Anzutreffen sind sie hinter Wehren ebenso wie in der Mitte des Flusses. Gumpen sind in der Regel tiefer als Rinner und haben seitlich häufig Kehrwasser. Sie entstehen hauptsächlich durch von oben herabschießendem Wasser (Wehre, Fälle) das den Gewässergrund aushebt. Durch den beim Herabschießen entstehenden Wasserdruck kann das Wasser dabei nicht so schnell nach vorne abfließen; es hebt sich an und flutet dann seitlich entgegen der Strömung zurück (Kehrwasser). **Kehrwasser** können auch durch Buhnen entstehen, das sind in den Fluß hinausragende Bauten zur Ufersicherung die durch ihren Sog ebenfalls rückflutendes Wasser bilden (Kehrwasser). Gumpen, so wie Kehrwasser werden von Forellen bevorzugt, jedoch weniger von Äschen. In großen intakten Flüssen sind Gumpen auch die bevorzugten Standplätze von Huchen, Barben und Nasen, selbstverständlich auch von Äschen und Forellen.

Fischen mit der Trockenfliege

Wenden wir uns nun erst dem klassischen Fliegenfischen mit der Trockenfliege in Fließgewässern zu. In früheren Fachbü-

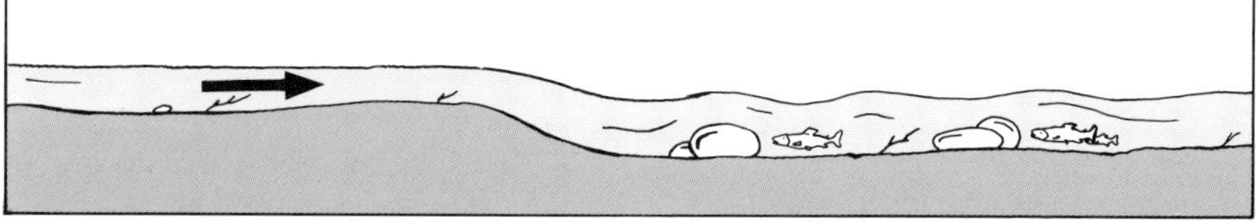
»Rinner« in der Seitenansicht

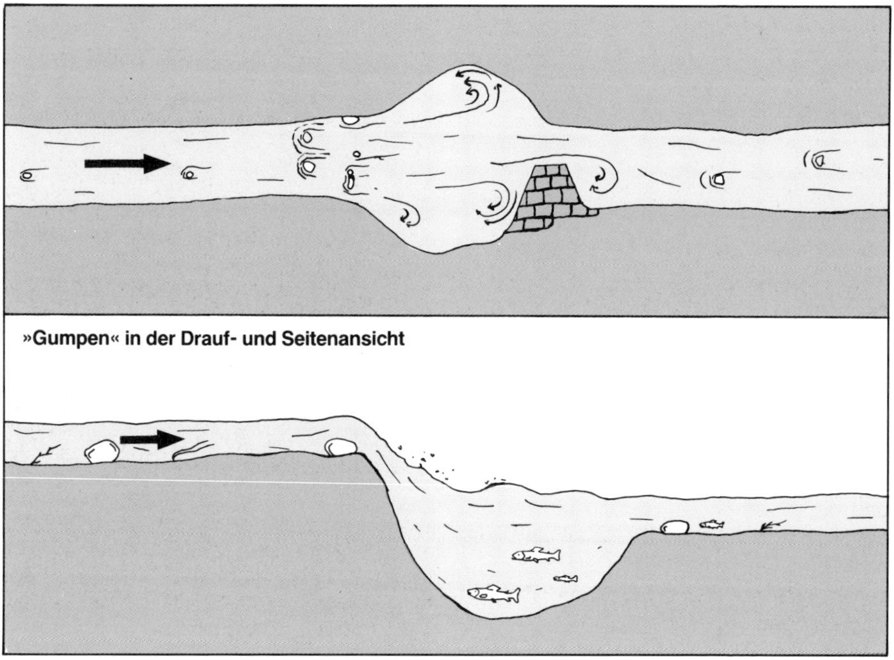
»Gumpen« in der Drauf- und Seitenansicht

chern heißt es da, wenn Fliegen auf dem Wasser niedergegangen sind, bietet man eine Trockenfliege dem steigenden Fisch an. Dieser ist durch das Steigen nach dem auf der Wasseroberfläche befindlichen Insekt (verursacht Ringe) ersichtlich. Man kann dies nur teilweise gelten lassen. Ganz so einfach ist es nicht und was man leider in solchen Büchern vermißt: warum, wann und wonach die Fische steigen. Das Erkennen und rasche Begreifen, wonach die Fische steigen, ist ein wichtiger Punkt zum Erfolg des Fliegenfischens. Es kommt nämlich nicht selten vor, daß ein Steigen der Fische plötzlich beginnt und nicht länger als 30 Minuten dauert. Das kann selbstverständlich auch wesentlich länger sein – eine Stunde und mehr –, nur innerhalb des intensiven Steigens der Fische zur Wasseroberfläche kommen auch oft kapitale Fische mit. Diese sind dann meist unbekümmert. Jedenfalls weit nicht so vorsichtig, wie vor den Steigperioden (wenn sie sich lieber an Nymphen halten) oder auch gegen Ende des Steigens. In diesen oft sehr kurzen Zeitspannen des Steigens sollte der Flugangler nach kurzer Beobachtung wissen, wonach er in seiner Fliegenschachtel suchen muß, um passende Imitationen, die dem schlüpfenden oder eiablegenden Insekt nachgebunden sind, präsentieren zu können.
Dies ist nicht ganz leicht, doch mit einiger Hilfestellung, die hier gegeben wird, und

etwas Beobachtungsgabe des Einzelnen am Wasser, wird jeder der Leser bestimmt in der Lage sein, die richtige Fliege im Nu zu montieren.
Es ist leichter, eine Koppe (Grundfisch) mit der Hand zu greifen, als eine frischgeschlüpfte Eintagsfliege im schnellen Wasser. Wenn ich dies im Fliegenfischerkurs tue, um jemanden zum besseren Verständnis das Originalinsekt zu zeigen, wonach z. B. die Forellen in nächster Nähe gerade steigen, löst dies meist Gelächter aus. Diese Tierchen sind so federleicht, daß mir bei dem Versuch, mit zusammengefaltenen Händen eine Eintagsfliege aus dem Wasser herauszuschöpfen, immer wieder eine darüber hinausschwappt. Nach vielen Fehlschlägen gelingt es dann auch eine Eintagsfliege unversehrt ans Ufer zu transportieren. Ganz einfach läßt sich ein Minikescher herstellen; bestehend aus einem (in Kescherform) gebogenen Stück Draht (etwa 25 cm Durchmesser) und ein Stück Nylonstrumpf, der leicht durchhängt und mit ein paar Nadelstichen und stärkerem Zwirn um den Kescher vernäht ist. Mit so einem kleinen Kescher kann man bei nur wenigen Versuchen eine auf der Wasseroberfläche treibende Eintagsfliege fangen, die dabei völlig unversehrt bleibt. Damit haben wir ein Insekt zur Ansicht, nach dem wir unsere Imitationen ausrichten können.
Sind keine Fliegen am Wasser zu sehen und die Fische steigen trotzdem, dann sind es sicher Aufsteiger oder tote Insekten. Bei den toten Insekten kann es sich auch um Landinsekten handeln, die eigentlich nur im Sommer, wenn in manchen Gegenden unter anderem auch die geflügelten Ameisenschwärme ins Wasser fallen. Die Fische steigen dann nur mehr auf Ameisen. Hier können wir den kleinen Kescher wieder gut gebrauchen und uns ganz schnell ein Insekt zur Ansicht aus dem Wasser holen, um festzustellen, wie unsere Nachbildung aussehen soll. Sind weder diese Ameisen noch andere tote Insekten (Spent) im Wasser vorzufinden und kommt noch hinzu, daß die Fische zwischen dem Steigen knapp unter der Wasseroberfläche hin und her schießen, montieren wir Aufsteiger, denn um diese wird es sich dann auch handeln.
In der Hauptsache wird an Fließgewässern guter Wasserqualität mit der trockenen Fliege gefischt. Viel öfter wird diese dem steigenden Fisch präsentiert. Die beste Position des Fliegenfischers ist dabei, ob

Solche Stellen im Fluß beherbergen stets gute Fische.

vom Ufer oder watend vom Wasser aus, hinter dem Fisch zu stehen. Besonders im Herbst, wenn Salmoniden wie auch andere Fische (Döbel) schon üble Erfahrungen mit Anglern gemacht haben und wissen, welche Gefahren von diesen rutenschwingenden Gestalten ausgehen, ist es schwer einen großen Fisch zu überlisten (wenn der Angler auch noch gut sichtbar für den Fisch ist). In manchen Forellengewässern, die besonders klares seichtes Wasser aufweisen, genügt schon ein Schatten um die »Getupften« förmlich wegschießen zu lassen. Es kann eine Stunde dauern, bis diese wieder auf den alten Standplatz zurückkehren und ohne hektische Flossenbewegungen dort stehen.

Gott sei Dank ist dies nicht die Regel. Man kann hier auch keine Karte aufzeichnen und z. B. Anfängern genaue Punkte angeben auf wieviel Meter Entfernung der Wurf zu erfolgen hat, quasi, wenn der Fisch dort steht, steht der Angler auf Punkt A, der Fisch steht auf Punkt B – so geht es leider nicht. Wir werden versuchen uns an Hand von praxisnahen Situationen zu orientieren.

Im folgenden werden Positionen des werfenden Fliegenfischers beschrieben, damit diese, sehr wichtigen Punkte vom Leser selbst später beim Angeln sinnvoll umgesetzt werden können. Hauptsächlich werden wir uns dabei auf Äschen und Forellen beschränken. Natürlich können wir das auch bei anderen, nach der Fliege steigenden Fischen anwenden.

Angenommen wir haben vor uns einen kleinen Fluß mit einer Breite von etwa 20 m. Die Fließgeschwindigkeit des Gewässers ist nicht allzu hoch. Auch sind immer wieder Rinner und Gumpen zwischen den Abbrüchen (Schotter, Wellen, Steine) im Fluß vorhanden. Die tiefsten angenommenen Stellen messen in etwa 1 bis 2 m. (Solche Fließgewässer, wie eben grob umrissen, kommen im Alpenraum nicht selten vor.) Nehmen wir weiter an, daß ein Flugangler in diesem unserem Fluß, gerade in einem Rinner, der etwa 100 m lang ist, fischt. Dort bietet der Angler seine Fliege den nach z. B. *Baetis rhodani* steigenden Fischen an. Richtigerweise hat unser Fliegenfischer eine »Blue Dun« als Imitation der *Baetis* ans Vorfach montiert. Völlig korrekt wirft er dabei steigende Forellen und Äschen auf seiner Seite des Ufers an, von dem er etwa 5 m entfernt flußaufwärts watet (aber nur bis zur Mitte des Flußes hin). Dabei hält er eine Entfernung von ungefähr 8 bis 10 m zum steigenden Fisch ein, dem die präsentierte Fliege gilt.

So könnte es aussehen, wenn mit der trokkenen Fliege flußaufwärts gefischt wird. Dieses Beispiel ist mit keinen sonstigen Problemen verbunden, also kein Wind, gutes Wetter, keine Problematik mit Vorfach und Fliege und die Fische steigen da, wo man sie mühelos mit der Fliege ohne großen Aufwand erreichen kann. Sicher gibt es Tage, an denen sich alles so abspielt wie in einem Werbefilm von Geräteherstellern, doch ist das eher die Ausnahme.

Linke und rechte Seite: Besonders an äußerst klaren Gewässern ist ein Fischen mit der trockenen Fliege zu empfehlen, auch dann, wenn gerade keine Eintagsfliegen schlüpfen. Sich leise vorwärts zu bewegen, keinen Schatten zu werfen, mit dünnsten Vorfächern zu fischen, sind dort erfolgversprechend.

Bei Wind, der besonders den Anfängern ein Greul ist, nachdem es ja schon so gut mit dem Werfen ging, ist selbst eine kleine Forelle, die in etwa 3 bis 5 m Entfernung vor dem Angler steigt, nicht mehr mit der Fliege zu erreichen. Bei so kurzen Würfen, wenn der Wind die Flugleine ständig zusammenbrechen läßt, ist nur üben angesagt. Bei großen Weiten und böigem Wind setzen wir am besten den Doppelzug (s. Seite 26) ein. Durch die zusätzliche Beschleunigung wird die Schnur schneller und so stabiler.

Vorfach – genaues Aufsetzen der Fliege

Im Prinzip hat der oben beschriebene Fliegenfischer richtig gefischt. Er geht nicht zu nahe an steigende Forellen heran. Da vor und seitlich von ihm genügend Äschen und Forellen steigen, überwirft er auch nicht die Strömung in der Mitte des Flusses. Eigentlich müßten die Fänge gut sein.
Doch angenommen, es ist nicht so und dies geschieht leider nur zu oft, überlegen

wir, woran dies liegen könnte. In diesem Fall scheidet die Fliege einmal aus. Unser Angler hat, wie wir wissen, die richtige Fliege ans Vorfach geknüpft, eine »Blue Dun«. Es ist allerdings auch ganz wichtig zu beachten, daß nicht nur die Färbung des Insektes mit der der Fliege übereinstimmen muß, sondern auch der Umriß und die Größe. Eine andere Möglichkeit ist, daß etwas mit dem Vorfach nicht stimmt. Dies ist in der Fliegenfischerei oft der Fall. Wenn trotz passender Fliege die Fische zwar an der Nachahmung interessiert sind und hochkommen, aber kurz vor der Fliege wieder abdrehen, kann es möglicherweise am Vorfach liegen. Dieses sollte dann auf die jetzt folgenden Fehler überprüft werden.

Einmal zum Einfetten von Vorfächern. Besonders in ruhigen, klaren Gewässern darf das Vorfach nie auf der Wasseroberfläche schwimmen, wenn dann noch Sonne hinzukommt, ist dies geradezu eine Katastrophe. Ich übertreibe nicht, wenn ich dies so ausdrücke. Geflochtene (wie monofile) Vorfächer sind für die Fische, ob jetzt Aitel, Äschen oder andere, wenn sie im Oberflächenfilm des Wassers eingesunken sind, nur mehr schwer auszumachen. Wenn aber die Vorfachspitze (nur bei der monofilen Schnur möglich) nur etwa die letzten 50 cm vor der Fliege auf der Wasseroberfläche aufliegt, bündelt sich das Licht in diesem Vorfach und wirft einen Schatten. Wir könnten ebenso gut einen dünnen Strick, an dem wir die Fliege aufknüpfen, verwenden. Vorfächer werden also niemals gefettet! Dies ist eine Grundregel für späteres Fliegenfischen. Kommt die Fliege noch dazu durch schlechtes Servieren (Werfen) unschön auf der Wasseroberfläche auf, dann kringelt sich das Vorfach (es ist nicht gestreckt). Sollten die Kringel auch noch schwimmen, ist das von unten, also vom Fisch aus gesehen, ein schwarzes Wirrwarr (Schatten). Darum machen Sie selbst einmal einen Test. Legen Sie ein Stück monofile Schnur im seichten, etwa 10 bis 20 cm tiefen Wasser bei Sonnenschein auf. Sie werden einen wunderschönen, sich dick abzeichnenden Schatten auf dem Grund des Wassers erkennen können. Selbst ein dünnes 0,14 mm Vorfach, wie es bei heiklen Gewässern im Herbst für die Äschenfischerei verwendet wird, bildet einen Schatten am Grund des Wassers, das der Stärke eines 0,30 mm Vorfaches entspricht. Spiegelglatte Gewässer, langsam fließende Flüsse und ähnlich problematische Gewässer für die Fliegenfischerei, die uns alles Können abverlangen, wollen wir jetzt nicht weiter miteinbeziehen, wir werden später darauf zurückkommen.

Bei dem hier beschriebenen Fluß, wie auch an den meisten Fließgewässern haben Äschen und Forellen nicht allzu viel Zeit, alles eingehend betrachten zu können, was da am Wasser antreibt und über sie hinwegtreibt. Würden die Salmoniden jede Fliege genau studieren, würden sie dabei wahrscheinlich verhungern. Darum hält hier sich die Problematik mit dem auf der Oberfläche schwimmenden Vorfächern in Grenzen. Ein zu dickes Vorfach sollte jedoch trotzdem nicht montiert werden. Wie dick dieses hinten, bei der Flugleine ist, ist nicht wichtig. Ausschlaggebend ist lediglich die Vorfachspitze für den Fisch und damit ein an der Fliege interessierter Fisch keinen Verdacht schöpft, sollte alles (in etwa 0,50 m Umkreis um die Fliege) in »Ordnung« sein. Daher wählen wir das Vorfach immer in der gerade noch vertretbaren Stärke aus, das heißt, daß wir in unseren heimischen Flüssen Trockenfliegen an Vorfächern anbieten, dessen Spitzendurchmesser über 0,18 mm nicht hinausgeht. Ab dieser Stärke aufwärts könnten auch eingesunkene Vorfächer (da diese dann im Verhältnis zu den meist sehr kleinen trockenen Fliegen sehr grob wirken) für den Fisch sichtbar werden.

Darum merken wir uns: ein Vorfach mit der Spitzenstärke von 0,16 mm reicht zum Trockenfischen an unseren heimischen Flüssen meist aus.

Anwerfen von Äschen und Forellen

Salmoniden lassen sich leicht vom Nehmen der Fliege durch Fehler beim Werfen, ein falsch gewähltes Vorfach oder ähnliches abhalten und vergrämen. Wenn nun aber alles stimmt, dann kann sein, daß z. B. steigende Äschen oder Forellen »überworfen« werden. Das heißt, daß dort, wo die Fliege aufkommen sollte, statt dessen ein Stück der Flugleine aufklatscht und diese dann über den Fisch abtreibt. Also das dickere hintere Ende des Vorfaches klatscht unrichtigerweise zuerst auf, es folgt der dünnere Teil und zuletzt kommt die Fliege. So würde man nur selten zum Anschlag kommen. Man würde den Äschen und Forellen eher eine Lektion in Sachen »Vorsicht vor falschen Fliegen und Fliegenfischern« erteilen. Zum besseren Verständnis sehen wir auch hier wieder unserem Angler zu. Dieser, so nehmen wir an, fischt noch in 5 m Entfernung vom Ufer flußaufwärts. Plötzlich erkennt er in ungefähr 12 bis 15 m Entfernung an einem großen Stein im Wasser an seiner Uferseite einen kleinen Ring mit leichten Aufwellen in der Mitte, wie diese für große Forellen typisch sind.

Mittlere Forellen verursachen mitunter auch große Ringe, die aber in der Regel flach und schneller fließen, weil das Gewicht (Wasserverdrängung) nicht dahintersteckt, wie dies bei großen Fischen der Fall ist. Mit einiger Übung und Erfahrung kann der Anfänger im Fliegenfischen Ringe bald soweit einschätzen, daß er an einem Wasserring erkennt, der Fisch ist dabei nicht zu sehen (Wasserspiegelungen), ob sich ein Anwerfen lohnt (großer Fisch).

Nach der kurzen Erläuterung, über die von Fischen verursachten Ringe im Wasser, zurück zu unserem Fliegenfischer. Dieser muß nun, will er die kapitale Forelle überlisten, vorsichtig und überlegt die Sache angehen. Eine Äsche kann es nach ersten Beobachtungen nicht sein. Es kann sich nur um eine große Forelle, und keine andere Fischart handeln, die an dem relativ ruhigen Platz mit kaum Strömung an einem Stein steht. Äschen mögen das auftreibende Wasser im Sog des Steines nicht. Auch ist der Standplatz so günstig, daß eine hier stehende Äsche schon längst von einer kapitalen Forelle, die diesen Platz als Standplatz ideal findet, vertrieben worden wäre. Nachdem der Angler weiß, daß es sich bei besagtem Platz um eine Forelle handelt, geht er watend vorsichtig noch ein paar Meter vor, um auf noch kürzerer Entfernung zum steigenden Fisch, die Fliege präzise werfen zu können.

Jetzt wird der erste Wurf so durchgeführt, daß die Fliege nicht zu kurz gesetzt und auch nicht zu weit oberhalb des vermeintli-

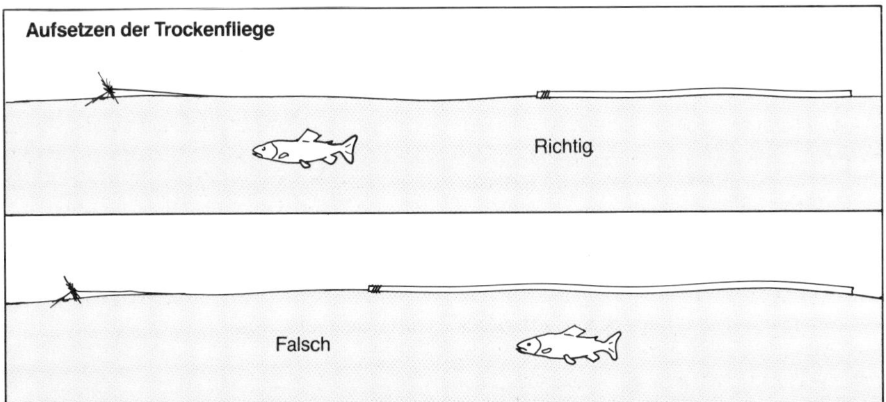

Wer keine Hektik aufkommen läßt, ...

chen Standplatzes des Fisches aufkommt. Dieser soll nämlich nur soviel Zeit haben, die Fliege als eine mögliche Beute zu erkennen. Wenn wir bei der von uns beschriebenen Stelle eine Wassertiefe von etwa 80 cm annehmen, so sollte die Fliege ungefähr einen guten Meter vor dem Ring aufgesetzt werden. Bei mittelmäßiger Strömung ist das weit genug. Bei Äschen muß etwas weiter nach vorne geworfen werden, etwa ein Drittel weiter als bei Forellen, bei einer Wassertiefe von 80 cm sollte dies bei 1,20 m sein. Da sich Äschen beim Steigen gerne zurücktreiben lassen, muß man bei einer Wassertiefe von 1 m etwa 1,50 m nach vorne werfen, bei Forellen würde bei 1 m Wassertiefe ein Wurf mit 1 m über dem vermeintlichen Standplatz des Fisches genügen.

Wenn jetzt die Fliege stimmt, das Vorfach schön gestreckt und nicht zu dick ist (0,16–0,18 mm), müßte unser Angler Erfolg haben. Beim Aufkommen sollte die Fliege in die Wellen leicht einsinken (Abb. S. 51). Sollte dies nicht der Fall sein, so müßte ein erneuter Versuch, den Fisch anzuwerfen bzw. zu überwerfen, erfolgen.

Die nächsten Würfe sollten jetzt etwas nach oben verlängert werden. Wir überwerfen also die beschriebene Stelle etwa 20 cm weiter nach oben. Bevor wir dieses tun, sollten erst einmal Fliege und Vorfach überprüft werden, ob sich möglicherweise Knoten gebildet haben oder beim Hechelkranz der Fliege etwas nicht stimmt.

Auf keinen Fall sollte soweit nach oben geworfen werden, daß das dicke Vorfachende über den Fisch kommt und dieser die Fliegenschnur sogar erkennen könnte. So etwas wollen wir um alles in der Welt vermeiden. Wenn einmal eine so große Forelle gewarnt ist, wird sie nur mehr schwer zu überlisten sein. Ein weiteres Anwerfen würde sich erübrigen.

Bei den nächsten Fehlern wollen wir zu unserem Angler zurückkehren um die Problematik eingehender betrachten zu können.

Da steigt plötzlich vor diesem, der nichtsahnend guter Dinge einhergewatet kommt,

... der hakt auch seinen Fisch.

Beste Position des werfenden Fluganglers ist hinter dem Fisch stehend.

eine Forelle von gut 1 kg. Schlagartig ist für den Angler die Welt völlig verändert. Das Jagdfieber ist da und mit diesem die Hektik. Jetzt passieren die wohl gröbsten Fehler. Sicher, wenn diese Jagdgefühle nicht sein würden, gingen wir wohl kaum fischen. Aber ein kühler Kopf ist nun notwendig um keine Fehler zu machen, die den Fisch vergrämen könnten. Das Überwerfen der Fliegenschnur wurde beschrieben, es soll auch genau Maß genommen werden, wieviel Leine benötigt wird, damit die Fliege am gewünschten Ort ankommt. Wenn dieses gefühlsmäßig nicht möglich ist, kann man Leerwürfe (s. Seite 24) machen, die etwa 2 m hinter dem Fisch aufgesetzt werden. So kann man dann die fehlende Leine leichter abschätzen und ergänzen. Bei Leerwürfen mit Aufsetzen der Leine hinter dem Fisch darf dieser nie überworfen werden. Auf keinen Fall darf bei einem schlechten Wurf (verstricktes Vorfach) über den Fisch die Schnur weggezogen (aufgerissen) werden.
Merken wir uns: Nach dem Aufsetzen die Fliege erst darüber hinwegtreiben lassen, dann die Leine aufnehmen.

Schnuraufnehmen, Werfen

Wir hätten uns schon früher mit dem Leinenaufnehmen beschäftigen sollen. Es ist aber so schon kompliziert genug, allem, das Anbieten der Fliege inbegriffen, folgen zu können. So meine ich hier zugunsten der Anfänger unter den Lesern, das Schnuraufnehmen separat zu beschreiben, um ihnen den Einstieg ins theoretische Fischen mit der Trockenfliege zu erleichtern.
Wir greifen dabei wieder auf den erfundenen Fliegenfischer, der uns in den vorhergehenden Abschnitten sehr hilfreich war, zurück. Der in 5 m Entfernung vom Ufer im Wasser stehende Angler fängt an, die große stromauf steigende Forelle in 10 m Entfernung anzuwerfen. Während er Leerwürfe durchführt, fängt er auch an Schnur zu geben. Er wirft die Schnur mit geschätzten 8 m Leine in der Luft und setzt diese einmal auf dem Wasser auf. Dabei versucht er mit der rechten Hand (Rutenhand) die Leine mit dem Zeigefinger zu fassen. Dieses ist dann kein Problem, wenn sich die Rutenhand in der Nähe der Rolle befindet. Nötigenfalls hilft die Schnurhand mit. Die Fliege wird auf dem Wasser aufgesetzt. Der Fliegenfischer erkennt, daß immer noch etwa 2 m Leine fehlen, um die in 10 m Entfernung steigende Forelle zu erreichen. Erneut beginnt er Leerwürfe durchzuführen. Dabei ergänzt er die fehlenden 2 m Leine. Es können noch 1 bis 2 Leerwürfe folgen, bis sich die Leine in der Luft stabilisiert hat. Jetzt setzt der Fliegenfischer die Fliege oberhalb des vermeintlichen Standplatzes auf. Der Zeigefinger hat inzwischen die Flugleine geklemmt. Die Fliege treibt mit der Fließgeschwindigkeit des Flusses dem Angler entgegen. Dieser zieht in derselben Geschwindigkeit (wie die Fließgeschwindigkeit) mit der Schnurhand die Fliegenschnur durch den geklemmten Zeigefinger der Rutenhand nach hinten weg, so daß vor den Füßen des Anglers keine Leerschnurmengen entstehen können. Durch die Schnuranhäufungen könnte kein Anschlag nach vorne zur Fliege durchgebracht werden. In dem Moment, da ein Fisch nach der Fliege steigt, klemmt der Zeigefinger die Flugleine am Rutengriff fest und die beim Abtreiben der Fliege waagrecht gehaltene Rute geht mit einem kurzen Schlag etwa auf 11-Uhr-Position (je nach Schnurmengen im Wasser). Ist die Fliege etwa 1 bis 2 m über dem vermeintlichen Platz, an dem der Fisch hochkommen müßte, hinweggetrieben und die Fliege wurde nicht genommen, beginnt unser Fliegenfischer erneut zu werfen bis die gesamte Leine, die zuletzt seitlich des Anglers und hinter ihm im Wasser trieb, wieder in der Luft ist (Leerwürfe, s. Seite 24). Dabei wird auch die Fliege wieder trocken.
Während der dabei jetzt erneut folgenden

Leerwürfe, läßt die Schnurhand die im Wasser treibende Leine bei jedem Leerwurf ein Stück nachrutschen (Öffnen und Schließen der Schnurhand). Die Leine hat sich nun in der Luft stabilisiert. Der Angler setzt die Fliege wieder auf. Die Fliege treibt wieder über dem vermeintlichen Standplatz. Die Schnurhand zieht wieder zukommende Leine durch den geklemmten Zeigefinger der Rutenhand nach hinten weg usw.
Sollte noch mehr Flugleine hinter dem Angler sein oder ein anderer Standplatz im Wasser aufgesucht werden, um erneut Ringe anzuwerfen, ist es nicht nötig, die Leine aufzuspulen. Man nimmt dann die Leine mit der Schnurhand in 0,50 m großen Schlaufen (Klängen) auf und kann diese zu Beginn des nächsten Wurfes aus der Schnurhand freigeben oder diese einfach ins Wasser fallen lassen und wie beschrieben bei jedem Wurf verlängern.

Allgemeines über den Bachsaibling

Der wohl schönste und farbenfreudigste Fisch aus der großen Familie der Salmoniden. Besonders die Milchner sind in ihrer Laichzeit prachtvoll. Bachsaiblinge sind, was die Sauerstoffversorgung in Gewässern anbelangt, verhältnismäßig anspruchslos. In Bergseen und Mittelgebirgsbächen mit leicht saurem Wasser, in denen sich Forellen nicht mehr so wohl fühlen, sind sie oft die einzigen Fische mit denen man dann noch in diesen Gewässern einen Bestand aufbauen kann. Bachsaiblinge vertragen von Natur aus einen niedrigeren pH-Wert als die Bachforelle. Auch in nahrungsarmen Gewässern, wo Bachforellen kaum noch Existenzchancen haben, können diese noch leben. Gerade diese leicht sauren Gewässer sind oft sehr klar und bieten deshalb ideale Möglichkeiten zum Fliegenfischen. Von Bewirtschaftern wird der Bachsaibling in reinen Bachforellen- und Äschengewässern nicht gerne gesehen. Allerdings dort, wo er nicht zu stark auftritt, dürfte auch dies nicht ganz zutreffen. Auf jeden Fall ist der Bachsaibling ein wesentlich größerer Räuber (trotz seines langsamen Wachstums) als die Regenbogen- oder Bachforelle. Er wagt sich sogar an wesentlich größere Beutefische heran als die Bachforelle. In wenig befischten Gewässern kann man beim Nymphen- oder Fliegenfischen mit diesen bunten Salmoniden selbstmörderische Aktionen erleben. Ein Freund sagte mir einmal, für ihn sei der Bachsaibling der »dümmste« Fisch unter unserem Himmel. Wenn man wie ich schon einmal erlebt hat, wie ein Saibling, nachdem er schon aus dem Wasser gezogen war und in der Luft hing, von der Nymphe loskam, ins Wasser fiel und auf diese kurz später wieder biß, möchte man den Worten meines Freundes über den Bachsaibling wohl fast beipflichten. Trotzdem gibt es in der Natur keine dummen oder gescheiten Tiere. Sie alle, wie auch die Fische, sind in ihrer Art dem Leben angepaßt. Daß Saiblinge auch in nahrungsarmen Gewässern Existenzmöglichkeiten haben, läßt sich damit erklären, daß sie eigentlich alles fressen was sie erreichen können und gerade noch schlucken können. Dazu gehören ebenso Laufkäfer, kleine Mäuse, Falter, Würmer. Darum sollten in wenig befischten Saiblingsgewässern niemals Streamer eingesetzt werden, denn selbst die kleinsten Saiblinge (untermaßige Saiblinge) schnappen nach diesen Kunstködern. Wie bei keiner anderen heimischen Salmonidenart haben wir beim Fischen auf Bachsaiblinge so viele Möglichkeiten unsere verrücktesten Fliegen oder Nymphen, die wir selbst erfunden und gebunden haben, zu testen. Besonders den Anfängern im Fliegenfischen gibt es Auftrieb, wenn ihre noch nicht so gut gebundenen Fliegen- oder Nymphennachbildungen von Fischen genommen werden. Natürlich darf man an zu stark befischten Gewässern, in denen viele Bachsaiblinge vorkommen, keine Wunder erwarten, daß

Wohl zu den farbenprächtigsten Fischen unter den Salmoniden gehören die Bachsaiblinge.

Links: Guter Bachsaibling in See gefangen, rechts: auf Naßfliege gebissen.

vielleicht ein Saibling nach dem anderen die Fliege nimmt. Wir orientieren uns dann, falls wir mit Reizfliegen (beim Trockenfischen mit »Panama«, beim Naßfischen mit »Alexandra«) keine Erfolge haben, an dem entsprechenden natürlichen Nahrungsangebot. Diesem passen wir uns mit Fliegennachbildungen an.

Besonders in Gebirgsgewässern sind ausgereifte Fliegenfischer-Techniken beim Werfen sehr von Vorteil.

Weitere Wurftechniken beim Trocken- und Naßfischen

Das Fischen mit der Trockenfliege beim Flußaufwärtsfischen ist bereits auf Seite 48f behandelt worden.
Selbstverständlich ist es nicht immer möglich, so wie bei dem von uns erfundenen Angler, flußaufwärts zu fischen. Unser Fliegenfischer hatte dabei einen großen Vorteil. Er wurde, da er beim Anbieten der Fliege hinter den Fischen stromaufwärts watend stand, von diesen nicht gesehen. Nun gibt es aber auch noch viele unverbaute Flüsse und Bäche insbesondere im Alpenraum, wo manches Flußstück noch in einem urigen Zustand ist. Das Wasser schießt über die Felsen, dahinter gibt es Gumpen, in denen mitunter umgestürzte Bäume liegen – mit einem Wort: Es gibt noch viel unbeschadete Natur. So schön dies alles ist und so sehr wir dies alles lieben, muß man sich doch gelegentlich schon etwas einfallen lassen, will man eine gute Forelle überlisten, die z. B. an einer verzwickten Stelle im Fluß steht. Hier ist der Fliegenfischer gezwungen, wenn er erfolgreich sein möchte, aus verschiedenen Anbietetechniken diejenige auszuwählen, die es ihm ermöglicht, seine Fliege einem in sehr ungünstiger Position zum Anwerfen stehenden Fisch präsentieren zu können.

Gutes Werfen ist nicht nur schön anzusehen, präzises Werfen bringt auch große Fische.

Strömung überwerfen

Diese Art des Fliegenfischens, bei der Strömungen überworfen werden, bzw. quer gefischt wird, ist sehr häufig anzuwenden. In der Regel ist es so, daß der Fliegenfischer von einer Seite des Flusses die Hauptströmung überwirft, um im ruhigen Wasser auf der anderen Seite einem Fische Fliegen oder Nymphen anzubieten. Gründe dafür sind einmal, daß es an der gegenüberliegenden Seite keine Möglichkeit zum Waten (Tiefwasser) gibt oder Abhänge (Mauern), die ein Werfen von dort aus nicht erlauben. Andermal kommt es auch vor, daß der Fluß nicht zu überqueren ist, ohne dabei nicht kilometerweit zurücklaufen zu müssen. In diesen Fällen wird die Strömung, wenn auf der gegenüberliegenden Seite stärkere Fische als auf der eigenen steigen, überworfen. Soll die Fliege nach einem Wurf über die Strömung im stillen Wasser auf der anderen Seite für kurze Zeit »ruhig« gehalten werden, ohne daß diese nicht wegdreggt, so ist dazu eine eigene Technik notwendig. Unter »Dreggen« versteht man, wenn die Fliege nicht ruhig im Wasser »läuft« oder nicht gleichmäßig mit der Strömung abtreibt. »Dreggende« Fliegen schlittern entgegen der

1 Letzter Vorschwung zum Schießenlassen
2 Während die Leine schießt, beschreibt die Rute einen weiten Bogen nach rechts gegen die Strömung.
3 Sobald die Fliege und die Leine auf dem Wasser liegen, zeigt die Rutenspitze wieder auf die Fliege.
4 Fliege beginnt zu »dreggen«

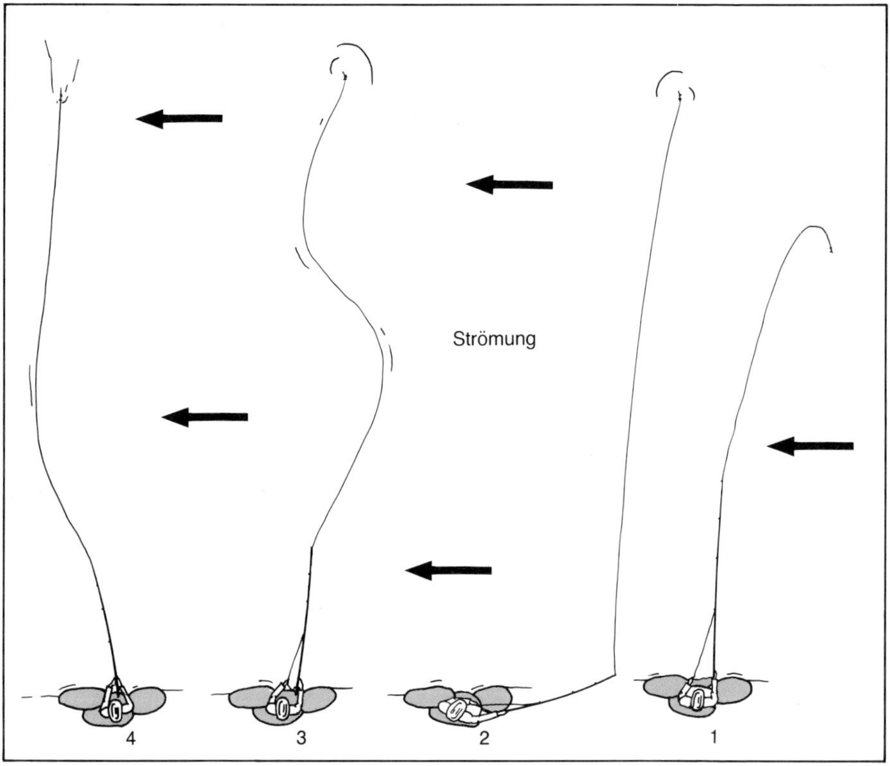

Strömung seitlich weg. Folgerichtig ist, daß wir beim Querfischen oder Überwerfen einer Strömung einen Bauch in der abgelegten Fliegenschnur benötigen, um das »Dreggen« der Fliege zu vermeiden. Um bei einem Überwerfen die Fliege auf der anderen Seite im Wasser längere Zeit ruhig treiben zu lassen, »legen wir die Leine um«. Unter »Umlegen« versteht man, daß wir beim Werfen selbst einen Bauch in die Schnur hineinbringen (allerdings nur entgegen der Strömung flußaufwärts). Dieser Bauch hat folgenden Sinn: Nach einem so durchgeführten Wurf, drückt die Strömung erst einmal den Schnurbauch (stromaufwärtsgerichtet) heraus, dann wird die Schnur gerade und erst wenn der Schnurbauch in Richtung stromabwärts zeigt (verursacht durch die Strömung) »dreggt« unsere Fliege weg.
Durch diese Wurftechnik gewonnene längere Zeitspanne, in der die Fliege ruhig auf der anderen Seite der Strömung treibt, haben die Fische auch genügend Zeit, um nach dieser zu steigen.

Leine-umlegen

Der Fliegenfischer überwirft die Strömung (die von rechts kommt), dabei wird kurz vor dem Aufsetzen der Fliege der letzter Wurf hoch angesetzt. D. h. der Wurf endet, wenn die Rute auf etwa 11-Uhr-Position steht. Wir lassen dabei auch etwas mehr Fliegenschnur als nötig, etwa 0,50 m, mitziehen. Wenn jetzt die Fliege und Flugleine sich in der letzten Flugphase befinden, also kurz vor dem Aufsetzen, machen wir mit der Rute einen kurzen Bogen nach rechts, so daß die Rutenspitze kurz stromaufwärts zeigt. Auch schlagen wir dabei eine leichte Welle in die Leine. Fliege und Vorfach haben jetzt aufgesetzt; gleichzeitig damit bringen wir die Rute in die Ausgangsstellung (vom Körper gerade wegzeigend) mit einer Drehung zurück. Es bleibt nun wieder ein Bauch in der Leine, der gegen die Strömung gerichtet ist (Abb. S. 58).

Schlangenwurf

Dieser Wurf wird angewandt, wenn wir z. B. schräg über die Strömung leicht flußaufwärts fischen. Auch eine Art Leine umlegen mit einem halben Rollwurf ist dabei ebenfalls möglich, dazu kommen wir aber noch. Beim Schlangenwurf ist es ähnlich wie beim Leine umlegen. Der Wurf wird in seiner letzten Phase relativ hoch, in der 11-Uhr-Position, beendet. Wir haben auch hier wieder 0,50 m mehr Leine als nötig dazuzugeben. Während jetzt die Flugleine sehr hoch in die gewünschte Richtung saust, machen wir ein paar Schlänkerer (wedeln) nach links und rechts mit der Rutenspitze. Fliege, Vorfach und Leine haben aufgesetzt. Nach den ersten geraden 2 bis 3 m Flugleine an der Spitze, sollten die restlichen Meter Flugleine auf dem Wasser liegend eine Schlangenlinie bilden. Unsere Fliege bleibt jetzt so länger an ihrem Ziel liegen. In einem Kehrwasser bleibt sie so lange liegen, bis die Strömung die Leine gestrafft hat. Dann »dreggt« die Fliege wieder weg. Es sei denn, wir heben die Leine zum nächsten Wurf ab.

Rollwurf

Diese Wurftechnik wird angewandt, wenn z. B. nur von einer Seite eines Flusses aus Fliegen oder Nymphen angeboten werden können. Dabei sind keine Aufwärts- und Abwärtswürfe möglich, da uns ein Werfen durch seitliche und rückseitige Hindernisse eingeschränkt ist.
Bei Rollwürfen ziehen wir die ersten paar Meter Leine ab. Wenn es gar nicht anders geht, also auch keine Kurzwürfe wegen Hindernisse (Bäume, Sträucher usw.) durchgeführt werden können, lassen wir diese Leine mit der Strömung einfach mittreiben. Wenn wir dann Spannung in der von der Strömung gestrafften Leine bekommen, geht die Rute leicht nach oben. Jetzt kommt Zug in die Leine. Nun folgt ein, in halber Kreisform ausgeführter Schlag

Von so einer ungünstigen Position aus zu werfen erfordert viel Geschick.

der in der 1-Uhr-Position beginnt und in der 10-Uhr-Position abrupt gestoppt wird. Während dieser Schlag durchgeführt wird, ist die Leine noch im Wasser. Durch den Druck des Schlages kommt die Leine immer schneller dem Angler entgegen, überrollt sich und streckt sich dann wieder nach vorne aus.
Richtungsänderungen beim Rollwurf werden ganz einfach mit Veränderungen der Rutenhaltung durchgeführt. Die Rutenspitze zeigt in eine andere Richtung (Abb. S. 61).
Der Rollwurf ist nicht ganz einfach zu erlernen. Außer viel Übung kann man dem Leser nur den Rat geben, sich von einem erfahrenen Fliegenfischer ein wenig schulen zu lassen.

Aufwärts umlegen

Dies ist eine von mir bevorzugte Technik, z. B. wenn eine Forelle jenseits der Strömung in einem Kehrwasser steigt.
Der erste Wurf wird hoch, wie wir schon wissen mit guten 0,50 m zusätzlicher Schnur, angesetzt. Entgegen dem Schlangenwurf schlage ich in dem Moment, in dem Fliege und Vorfach aufgesetzt haben, mit einem halben Rollwurf in die Leine nach. Dabei wird die Schnur nicht wie zu Beginn des Rollwurfes zurückgezogen, sondern die Rute geht lediglich auf etwa 12-Uhr-Position, dann erfolgt der Schlag kurz und hart nach vor. Dabei bildet sich eine Welle (Bauch) von alleine, die in einem Stück nach oben läuft. Der Schlag endet um etwa 10-Uhr-Position. Durch diesen, so nach oben gerichteten Schnurbauch bleibt meiner Meinung nach die Fliege länger ruhig auf der gewünschten Stelle im Wasser, als dies beim Schlangenwurf möglich ist. Dem Leser rate ich, sich hierbei die beste Lösung bei einem verzwickten Wurf für sich selbst herauszusuchen.

Flußabwärtsfischen, Naßfischen

Trockenfliegen werden flußabwärts nicht angeboten, man kann dies zwar tun, doch ist es nicht sinnvoll, weil die Fliegen immer der Strömung entgegenziehen und so diese unter Wasser gezogen wird. Dazu kommt noch, daß der Schlamm, der vom watenden Angler aufgewirbelt wird, dem Fisch die Sicht nach oben nimmt. Wichtiger wäre noch zu bemerken, daß die Fische durch den plötzlich aufwirbelnden Schlamm im Wasser gewarnt werden. Große Salmoniden stellen dann auch meist das Steigen nach Fliegen ein.

Flußabwärts gefischt wird hauptsächlich mit Nymphen, Streamer, selbstverständlich auch mit Naßfliegen. Nymphenfischen ist im großen Stil ein Thema für sich, über das man ein Buch schreiben könnte ohne dabei langatmige Ausführungen machen

Rollwurf

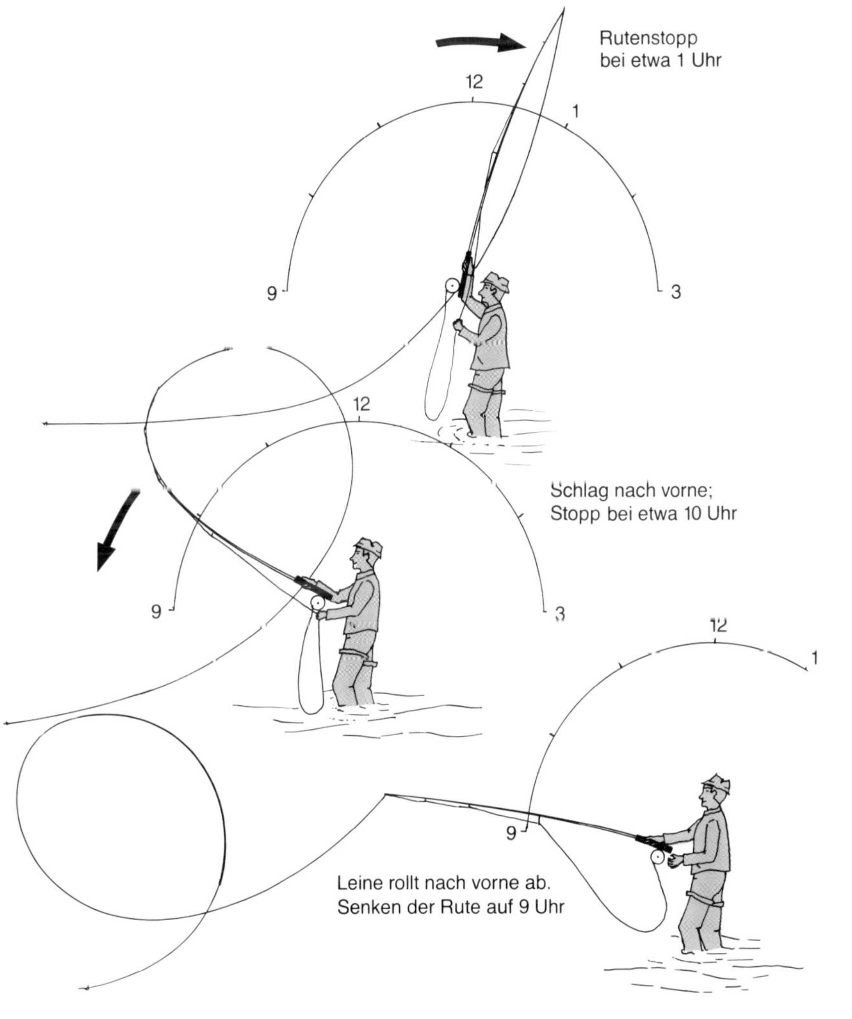

Flußaufwärts fischen ist besonders mit Trockenfliegen die erfolgreichste Methode.

zu müssen. Die gesamte Naßfischerei ist auch nicht jedermanns Sache. Trockenfischen ist das Hauptproblem und soll deshalb auch in diesem Buch im Vordergrund stehen. Darum wollen wir uns auch bei der Naßfischerei nur mit einigen Hinweisen begnügen.
Je nach Wassertiefe und Strömungsgeschwindigkeit fischen wir mit schnell oder langsam sinkenden Leinen. Bei Fließgewässern, die höchstens 0,50 m, maximal 1 m Wassertiefe aufweisen, können wir auch mit eigenschweren Nymphen fischen, bei denen das Vorfach an einer Trockenschnur montiert ist. Bei den Nymphen, die immer am Ende des Vorfaches montiert werden, kann seitlich ein Springer (ein Stück monofile Schnur etwa 15 cm lang) 25 cm oberhalb der Nymphe montiert sein. An dem Springer ist in der Regel eine Naßfliege gebunden (Abb. unten). Mehrere Springer zu montieren ist nicht waidmännisch und außerdem verhaken sich die daran festgebundenen Naßfliegen leicht ineinander, was viel Ärger mit dem Entwirren des Vorfaches mit sich bringt. Wenn im

Strecker und Springer

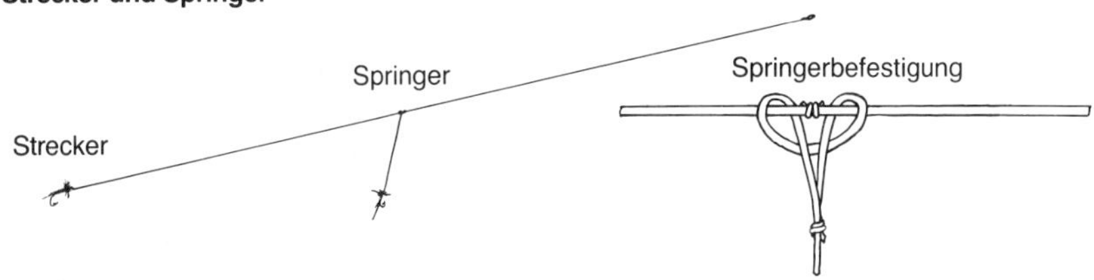

Fluß abwärtswatend gefischt wird, versuchen wir, zum vermeintlichen Ziel gute 12 bis 15 m Abstand einzuhalten, da wir beim Waten den Fischen entgegenkommen. Die Wurftechnik beim Abwärtsfischen ist im Prinzip dieselbe wie beim Trockenfischen. Mitunter ist es günstig, schräg nach unten (flußabwärts) Streamer oder Nymphen anzubieten. Diese wandern dann leicht schräg in der Strömung über den Grund. Ruckartiges Schnureinholen, wobei die Schwimmbewegungen der Wassertiere imitiert werden, ist vorteilhaft. Das ruckartige Einholen der Flugleine sollte nicht zu schnell erfolgen, damit die Nymphen nicht aufsteigen (auftreiben). Zu schnelles Einholen von Nymphen, Streamern und Naßfliegen würden diese unnatürlich wirken lassen.

Nymphen

Sie werden meist an sinkenden oder Sink Tip-Leinen, aber auch an schwimmenden Leinen angeboten, vorausgesetzt, die verwendete Nymphe besitzt genug Eigenschwere um absinken zu können. Dieses Eigengewicht wird häufig durch Kupfer-Messing- oder Bleidrahtwicklungen erreicht. Nymphen werden maximal bis zur Hakengröße 20 gebunden, z. B. für Kriebelmückenimitationen. Solche winzigen Nymphen können durch ihr sehr geringes Eigengewicht eigentlich nur an sinkenden Leinen und dünnsten Vorfächern dem Fisch angeboten werden.
Nymphen sind, wie dies die meisten aus den Anfängen ihrer Anglerzeit längst wissen, die Larven der Wasserinsekten. Natürlich haben wir auch hier wieder das leidige Problem des verwirrenden Angebotes an Nymphenimitationen im Fachhandel. Wir versuchen also, uns auch bei den Nymphen, ein wenig Klarheit in diesem Angebot zu verschaffen.
Beim Nymphenfischen können wir im Prinzip eine Faustregel anwenden. Nymphenarten mit abgeflachtem Körper, steinklammernde oder sich festsaugende Arten mit ebenfalls abgeflachtem Körper, verwenden wir als Imitationen möglichst nicht, da die natürlichen Vorbilder dafür (im Freiwasser nicht schwimmend) sehr selten anzutreffen sind. Häufig verwendete Nymphen besitzen dagegen kleine Körperchen, ein schmales, längliches Hinterteil und Schwanzhecheln.
Zum Einsatz kommen im Frühjahr die Hakengrößen 10 bis 12, im Sommer 12 bis 16 und im Herbst 14 bis 18. Die fängigsten Farbtöne der Imitationen richten sich nach deren natürlichen Vorbilder. Wer in einem einigermaßen sauberen und klaren Bach schon einmal einen Stein umgedreht hat und dabei diese kleinen Nymphen gesehen hat, wird wissen, daß diese sich in der Färbung zwischen oliv-bräunlich-gelblich, mitunter auch etwas schwärzlich bewegen.
Wir beschränken uns also beim Kauf der Nymphen meist auf diese Farbtöne, wobei eine eventuelle, zusätzliche Kupferdrahtwicklung, bedingt durch ihren Glitzereffekt, sicherlich zur Fängigkeit der Nymphe beiträgt.
Wie bereits erwähnt, können wir Nymphen mit großer Eigenschwere an schwimmenden Leinen, leichtere Nymphen an sinkenden Sink Tip-Leinen oder am Schußkopf, in große Wassertiefen einsetzen. Ein leider manchmal verwendetes Bleikügelchen, etwa 20–25 cm vor der Nymphe an das Vorfach geklemmt, ist meiner Meinung nach völlig abzulehnen. Es ist nicht nur unsportlich, sondern auch beim Werfen unschön anzusehen und entfernt sich sehr von der Idee des Fliegenfischens. An guten Gewässern ist das Fischen mit zusätzlichem Gewicht am Vorfach oder am Köder ohnedies meist verboten.
Wir wenden uns jetzt einigen Namen berühmter Nymphen zu, die von Angelgeschäften, die etwas auf sich halten, angeboten werden und zu einer brauchbaren Erstausrüstung gehören: Arthofer, Ritz B, Ritz C, Ritz D, Montana, Iron Blue Dun, Blue Dun, Nymphen.

Eine kleine Auswahl besonders fängiger Nymphen.

Jig-Nymphen – Diese Art ist erst seit ein paar Jahren in der Fliegenfischerei anzutreffen. Sie haben ein sehr schweres Bleikügelchen am Hakenöhr eingebunden und sollen damit an tiefen Stellen in sehr schnell fließendem Gewässer den Grund erreichen. Dadurch, daß das Hauptgewicht bei den Jigs an der Hakenöse liegt und der Hakenbogen nach oben, zur Wasserober-

In der Regel wird mit Nymphen an längerer Leine stromabwärts gefischt. Schwieriger – aber an heiklen Gewässern erfolgreicher – ist es, mit den Nymphen stromaufwärts zu fischen.

fläche hin ausgerichtet ist, sind Hänger am Gewässergrund so gut wie ausgeschlossen.
Manche ungeübten Flugangler, die ein werferisches Handicap oftmals mit übergroßen Jigs auszugleichen versuchen, haben sich dabei schon manch grobe Verletzung, hauptsächlich in der Augenregion, zugezogen. Der waidgerechte Flugangler lehnt das Jig-Fischen jedoch ab, um sich nicht selbst die Freude am Fliegenfischen zu verderben. In unseren Gewässern können wir fast jede Tiefe mit schnell sinkender Leine (oder mit dem Schußkopf und »normaler« Nymphe) erreichen. Besonders Anfänger haben dabei natürlich erstmals ihre liebe Not. Jedoch nicht verzagen, denn wenn es manchmal doch klappt und eine kapitale Forelle die Belohnung ist, strahlen die Augen wieder und all die Mühe ist vergessen.

Naßfliegen-Reizfliegen

Beim Kauf von Naß- oder Reizfliegen (die, wie der Name schon andeutet, naß gefischt werden) ist darauf zu achten, daß diese niemals abstehende Hecheln (wie wir sie von den Trockenfliegen kennen) besitzen. Die Namen von Naß- und Trokkenfliegen sind fast immer identisch; so hat zum Beispiel eine trockene »Blue Dun« als Naßfliege lediglich den Zusatz »wet Fly«. Im Gegensatz zu Trockenfliegen haben Naßfliegen meist weniger Hecheln. Sie sind auch nicht sehr wichtig, da sie nicht zur Schwimmfähigkeit der Fliege benötigt werden. Befinden sich trotzdem Hecheln an der Naßfliege, sind sie häufig sehr weich und von minderer Qualität. Dies ist jedoch völlig ausreichend, da wir ja mit Naßfliegen tote Insekten imitieren, die auch in der Natur nicht sehr ansehnlich sind. Eine sauber gebundene Naßfliege, in der Qualität etwa einer Trockenfliege, trägt sicherlich nicht zur Fängigkeit bei. Da sind die struppigen Fliegen schon bei weitem fängiger.

Reizfliegen – Sie werden bei Lachs, Meerforelle, Hecht, Zander und Forelle, im großen gesehen eigentlich bei jeder Fischart, in irgend einer Form, naß oder trocken, eingesetzt bzw. verwendet. Als Beispiel führen wir beim Trockenfischen mit Reizfliegen die »Coachman« und »Panama« an, beim Naßfischen ist z. B. die »Alexandra« eine der bekanntesten Fliegen. Diese ist meiner Meinung nach die fängigste und beste Reizfliege, die wir beim Fliegenfischen in unseren heimischen Gewässern unbedingt beachten sollten. Besonders große Regenbogenforellen scheinen es auf die »Alexandra«, die einen silbern umwickelten Hakenschenkel und von der Hakenöse weg viele Pfauenfibern eingebunden hat, wodurch sie schon fast einem Streamer ähnelt, abgesehen haben.
Zu den Reizfliegen gehören auch alle Lachsfliegen und Streamer, die keine natürlichen Vorbilder (Fischchen) haben.

Streamer

Streamer, die sich bei der Jagd auf Forellen fängig zeigen könnten, beschreibe ich eigentlich nur mit Unbehagen. Noch sind Streamer in der Forellenfischerei mit Vorbehalt anzuwenden, jedoch sind sie an guten Gewässern oft schon verboten. Nicht, daß dort die ansässigen Fischereiberechtigten Angst um ihre guten Fischbestände hätten, es geht erfahrenen Bewirtschaftern guter Fischgewässer vielmehr um die Jungfische, die oft nur doppelt so groß sind wie der angebotene Streamer selbst. Gelingt es einem solchen Jungfisch einen Streamer ordentlich zu fassen, bezahlt er dies fast immer mit dem Tod. Dem Angler wird es sicher nicht viel Freude bereiten, wenn er von fünf gefangenen Fischen auf zwei tote Jungfische herabsehen muß. Viele Anfänger in der Fischerei sind der Meinung, wenn diese Jungfische dann noch leicht zappelnd davonschwimmen, werden sie sich schon wieder erholen. Dies ist leider meist nicht der Fall. In

Besonders fängige Streamer.

Alte englische Lachsfliegen.

dieser Hinsicht sollten wir Fliegenfischer den Blinkerfischern einiges voraus haben. Sollten wir uns an einer Stelle am Fluß befinden, an der man schon von vornherein mit vielen Jungfischen rechnen kann, ist bei der Wahl der Kunstköder auf Naß- oder Trockenfliege zurückzugreifen.
An tiefen Stellen und charakteristischen Standplätzen von Großforellen (Abb. S. 46), tiefe Gumpen und Tiefwasser in Seen, also Stellen, die in der Regel nur größere Salmoniden beherbergen, kann selbstverständlich, soweit dies erlaubt ist, mit Streamern gefischt werden, wobei diese mitunter auch sehr erfolgreich sein können.
Ohne hier gegen die Streamer noch einmal zu Felde zu ziehen, möchte ich Ihnen ein kleines Erlebnis schildern. Ich habe z. B. meine größte Forelle (3,40 kg) mit einer Arthofer-Nymphe, Hakengröße 10, an einer Stelle gelandet, die ich vorher bereits mit einem Streamer abgefischt hatte. Gerade diese alten, getupften Recken in unseren Flüssen sind sehr vorsichtig und nehmen teilweise lieber eine Nymphe oder Naßfliege, von der sie weniger Gefahr vermuten, als einen Streamer und mag er auch noch so verführerisch aussehen. Soviel dazu aus meiner Erfahrung.
Der Anfänger, sowie der bereits erfahrene Fliegenfischer unter den Lesern, wird mit mir einer Meinung sein, daß wir hier gleich am Anfang auf die Problematik, die aus unbesonnenem Streamerfischen entstehen kann, hingewiesen haben.
Streamer sind meist aus Federn oder Tierhaaren (Reh-Hirschhaar usw.) gebunden. Dabei sind leichte Streamer an der Naßleine den Eigenschweren, Kupfer-Bleidrahtgewickelten, die oft an Trockenleinen mit verlängertem Vorfach (bis 3,50 m) verwendet werden, vorzuziehen. Wenn an unserer Naßleine ein zu starker Auftrieb des Streamers zustande kommt, unterbinden wir dies (um die nötige Tiefe zu erreichen) indem wir unser Vorfach von einer Länge von etwa 2,50 m auf 2 m und 1,50 m kürzen.
Streamer können in Färbung und Art so gebunden werden, daß sie bei gekonnter Führung im Wasser einem Fischchen sehr ähnlich werden. Binden wir in den Streamer zu viel Beschwerung ein, so verliert der viel von seiner Bewegung, er läuft im Wasser plump. Auch beim Streamerfischen können wir eine Faustregel anwenden. In hellen Wassern, dies sind unter anderem Flüsse mit viel Kies (Kalksteingeschiebe) und schnellerem Wasser (wodurch meist kein Algenbewuchs zustande kommt) verwenden wir am besten auch hellfarbene Streamer, z. B. Pfrillenstreamer, helle Koppenstreamer, auch solche, in denen helles Rot eingebunden ist. Dies gilt natürlich auch z. B. für sonnendurchflutete, flache Bergseen. Dunkle Streamer verwenden wir dagegen an dunklen Gewässern wie Moorflüsse, versteckte Seen usw., dazu gehören unter anderem »Muddler Minnow«, schwärzliche Koppenstreamer und andere.

Großstreamer, »Tube Fly« – Während wir aus der im Handel angebotenen Reihe von Forellenstreamer, z. B. den Pfrillenstreamer, gut auf Zander, Barsch und wenn er nicht allzu groß ist, auch auf Döbel einsetzen können, benötigen wir beim Hechtfischen, ähnlich wie beim Huchen, sehr gro-

Mörrum-Tube-fly. Diese Fliegenimitation (Tube-fly) ist sehr fängig; groß und buschig gebunden eignet sie sich auch zum Befischen von Hecht, Huchen und Zander.

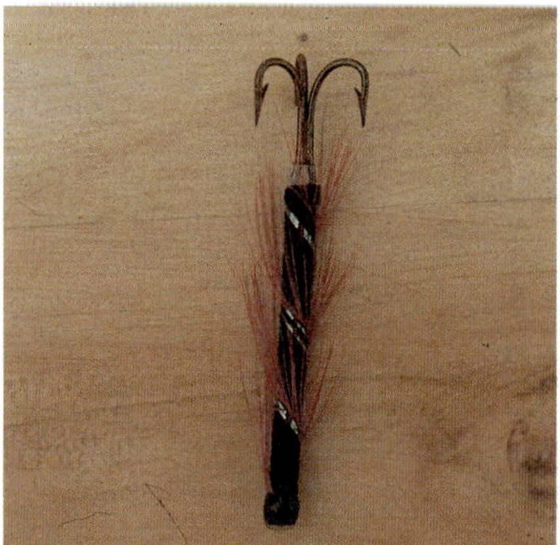

ße Streamer. An einem Hechtstreamer kann viel Rot mit eingebunden sein und die Gesamtlänge bis zu 15 cm betragen. Beim Huchenfischen sollte der Streamer ebenfalls bis 15 cm und länger sein. Auch riesengroße Frühjahrslachsfliegen und die sehr große »Tube Fly« (Röhrchenfliege) können für Hecht und Huchen verwendet werden. Leider ist der Handel, der uns im Fliegenfischen mit Zubehör und anderem teilweise regelrecht überschwemmt, auf diese Art der Streamerfischerei noch nicht eingestellt, wodurch der Flugangler, der sich seine Streamer nicht selbst binden kann oder will, gezwungen ist, seinen Bedarf an großen Lachsfliegen oder Streamern per Katalog zu decken.

Werfen und Fischen mit dem Schußkopf (Shooting Head)

Der Schußkopf ist, um es mal ganz simpel auszudrücken, der gekappte Vorderteil einer Keulen-Flugschnur, bei der der hintere, dünnere Teil fehlt. Die meisten Schußköpfe besitzen eine Länge von etwa 12 m, wobei auch hier, wie bei den anderen Flugschnüren, die konisch zur Fliege hin verjüngte, etwa 3 m lange Schußkopfspitze, zur Gewichtsklassenbestimmung nicht herangezogen wird. Die Gewichtsklasse bezieht sich also nur auf die restlichen 9 m. In der bereits bekannten AFTMA-Bezeichnung besitzen Schußköpfe die Buchstaben ST (**S**hooting **T**aper).
Schußköpfe werden im Handel schwimmend, sinkend und extrem schnell sinkend angeboten. Die Firma Cortland und andere Firmen bieten diese mit der Bezeichnung ST 6 S–ST 11 S sinkend und schwere Supersinker ST 5 S–ST 12 S bis Nr. 4 an. Mittlerweile sind auch andere Firmen mit reinen Bleikernschnüren, die auf das passende Wurfgewicht der Rute zugeschnitten werden, im Handel.
Hier rate ich besonders den Anfängern, sich beim Kauf solcher Leinen von Spezialisten beraten zu lassen.

Außer in England ist das Schußkopffischen in unserem mitteleuropäischen Raum noch nicht sehr stark verbreitet. Die Engländer haben, durch ihre Loch- und Stillwasserfischerei, im Gegensatz zum deutschsprachigen Raum erkannt, welch hervorragende Erfolge man mit dieser, aus Amerika stammenden Technik erzielen kann. Viele Anfänger werden sich natürlich fragen, warum sich diese Art des Fischens, auf Grund der guten Fangergebnisse, bei uns noch nicht durchgesetzt hat. Dies hat mehrere Gründe.
Um erfolgreich mit dem Schußkopf zu fischen, benötigt man eine fast komplett andere Ausrüstung. Dazu kommt auch noch eine völlig andere Wurftechnik, die ausgesprochen viel Übung erfordert. Beginnend mit der Rute, müssen wir uns im Klaren sein, daß unsere bisher so oft beschriebene 5/6 Allroundrute (s. Seite 15) für den Schußkopf eher ungeeignet ist. Für dieses leichte Gerät wäre die Beanspruchung beim Werfen zu groß. Um den Schußkopf richtig werfen zu können, benötigen wir eine kräftige Rute mit starkem Rückgrad, mindestens Klasse 7/8, mit einer Länge von 9 ft (2,75 m). Eine 10 ft Rute könnte sich dabei noch zusätzlich positiv auf den Wurf auswirken. Noch längere Ruten sind nicht notwendig, ich würde sie auch nicht unbedingt empfehlen.
Wir verwenden eine Rolle der Klasse 7/8 mit gutem Bremssystem, was völlig ausreichend ist, wenn auf Forellen und andere Salmoniden gefischt wird.
Als Rolle verwenden wir eine normale Einfachrolle, wobei die Klasse 7/8, z. B. der Firma Hardy völlig ausreichend ist, wenn auf Forellen oder andere Salmoniden gefischt wird, da wir durch den kurzen, dicken Schußkopf (etwa 30 ft) bei weitem weniger Platz auf unserer Rolle benötigen als bei normalen Fliegenschnüren (30 bis 35 yds). Die Rolle sollte nur bequem etwa 50 m Schußleine und Schußkopf ohne Backing aufnehmen können. Dieses doch sehr starke Gerät der Klasse 7/8 ist allerdings zum Schleppen auf Hecht in tiefem Ge-

wässer oder beim Fischen auf Huchen nicht geeignet. Dazu ist eher ein Lachsgerät, oder eine schwere Einhandrute mit Kampfgriff der Klasse 8/9 und die dazupassende Rolle (Lachsrolle) mit Schußkopf derselben Klasse erforderlich (s. Abb. S. 15).

Interessant für uns sind unter den Schußköpfen fast ausschließlich sinkende, bzw. schnell sinkende. Schwimmende Schußköpfe kommen bei den großen Weiten, die teilweise überwunden werden müssen, zu ungenau auf der Wasseroberfläche auf, wobei auch der auf die Fliege steigende Fisch nur mehr sehr schwer auszumachen ist. Dies bringt wiederum eher häufige Fehlbisse mit sich, so daß es meist vernünftiger ist (sollte in Talsperren oder Seen gefischt werden und die Fische weit draußen steigen) zu versuchen, diese mit der normalen Trockenschnur anzuwerfen.

Im Fachhandel sind Schußköpfe in den Klassen 5 bis 12 erhältlich. Am hinteren Ende des Schußkopfes befindet sich zum Anknüpfen der Schußleine meist eine kleine Schnurschlaufe, mit deren Verknüpfungsmöglichkeiten wir uns jedoch nicht ausführlicher befassen wollen, da die plumpe Bauart der Schlaufe beim Werfen oder Einholen des Schußkopfes auch ohne Spezialknopf schon hinderlich und blockierend genug ist. Sollte also eine solche Schlaufe vorhanden sein, schneiden wir diese ab und verbinden Schußkopf und Schußleine mit einem einfachen Nagelknoten (s. Seite 116). Dieser sollte jedoch, um einem Verlust des Schußkopfes oder eines Fisches vorzubeugen, sauber und ordentlich gebunden sein und vor dem Beginn des Fischens, durch eine Zugprobe von Hand aus, überprüft werden.

Schußleinen – Diese werden im Handel speziell zu den Schußköpfen mit einer Länge von 35 yds angeboten. Um Schußleine und Schußkopf so hoch wie möglich auf der Rolle unterzubringen, ziehen wir vorerst eine Backing-Leine auf. Am besten eignet sich dabei eine Dacron-Schnur, wobei sich die Menge nach dem Fassungsvermögen der Rolle richtet. Durch dieses »hochlegen« wird (größerer Durchmesser der einzelnen Schnurringe) einem eventuellen Kringeln der Schußleine vorgebeugt.

Vorfächer – Beim Streamerfischen in größeren Tiefen genügt meist ein Stück unverjüngte, monofile Schnur der Stärke 0,30 mm, etwa 1,70 m lang, als Vorfach. Beim Naßfischen mit Schußkopf sollte möglichst die Länge, der im Handel angebotenen Vorfächer nicht überschritten werden. Um den starken Auftrieb von Kunstköder und Vorfach, im Verhältnis zum schnell sinkenden Schußkopf zu vermeiden, sind eher kürzere Vorfächer zu empfehlen. Die Stärke der Vorfachspitze richtet sich dabei fast ausschließlich nach der zu befischenden Fischart.

Grundsätzlich wird auch bei Forellen, wenn sehr tief gefischt wird, die Vorfachspitze von 0,20 mm nicht unterschritten. Nur an Stillgewässer, an denen mit winzigen Nymphen (Mückenlarvenimitationen) gefischt wird, verwenden wir Vorfächer mit einem geringeren Spitzendurchmesser von 0,16 mm.

Als Vorbindung zwischen Schußkopf und Vorfach eignen sich sehr gut der Flaggensteg und der Nagelknoten (s. Seite 115). Auf die Bleischnüre, die manchmal gefährlich schlagen können und nur von wenigen Fluganglern beim Wurf beherrscht werden (bei denen auch die Abmessungen meist nicht stimmen) möchte ich nicht näher eingehen. Diese Bleischnüre, die in Meterware verkauft werden, haben mit einer Fliegenschnur kaum etwas gemeinsam. Wir fischen viel an ohnehin heiklen Gewässern; um da nicht schief angesehen zu werden, bleiben wir lieber bei den waidmännischeren Fliegenschnüren.

Werfen – Durch das größere Gewicht in dem relativ kurzen Schußkopf ist das Werfen, selbst für den ungeübten Flugangler mit dem größeren Gerät nach einiger Übung nicht allzu schwer zu erlernen.

Gekonntes Werfen mit Schußkopf ermöglicht weitere Würfe.

Auch einige Meter Schußleine mitziehen zu lassen, ist nach ersten Anfängen nicht all zu schwer.

Beim Werfen wird die immer schneller werdende Rute in einer Ebene vorgedrückt und zurückgezogen. Nach 2 bis 3maligem Vor- und Zurückziehen, wenn der Schußkopf die richtige Beschleunigung erreicht hat, wird er ausgelassen bzw. abgeschossen, dabei gibt die Schnurhand die Schußleine frei. Der in der Beschleunigungsphase, mit seinem hinteren Ende etwa 5 cm zwischen 1. Rutenspitzenring und 2. Rutenring, mit der Schnurhand an der Schußleine frei. Der in der Beschleunigungsphase mit seinem hinteren Ende etwa 30–50 cm vor dem Spitzenring, mit der Schnurhand an der Schußleine festgehaltene Schußkopf, kann somit ungehindert abziehen. Bei dünneren Schußleinen ist besonders darauf zu achten, daß das erwähnte hintere Schußkopfende während der Beschleunigungsphase innerhalb des Rutenspitzenringes bleibt, um die Balance der Rute nicht unnötig auf die Probe zu stellen und ein damit verbundenes Durchschlagen derselben zu vermeiden. Doppelzugwürfe sind bei dem doch sehr kurzen Schußkopf nicht angebracht, da das gesamte Gewicht des Shooting Head zur Beschleunigung dienen sollte, somit auch ein eventuelles Hängenbleiben des Verbindungsknotens an den Rutenringen ausbleibt. Einige Angler lassen den Schußkopf und etwa 1 m Schußleine während der Beschleunigung außerhalb der Rute, jedoch nur dann, wenn mit einer sehr dicken Schußleine gefischt wird.

Vorteilhafter ist es nach meiner Meinung, mit den hier beschriebenen dünnen Schußleinen zu fischen. Für die, speziell von mir bevorzugte Art des Schußkopffischens eignet sich als Schußleine am besten die »Cortland-Cobra«. Diese monofile Schnur ist oval und hat gegenüber anderen Leinen den Vorteil, daß sie sich bei sorgfältigem Ablegen im Körbchen oder am Boden selbst in Ringe legt, sich dadurch nicht so leicht verwickelt und beim Ablassen des Schußkopfes hervorragend durch die Ringe gleitet.

In den letzten Jahren werden immer mehr Schußleinen verwendet, die unter der Bezeichnung z. B. L 1 F oder L 2 F im Handel angeboten werden; wobei L (Level) für parallel, 1 für Leinendurchmesser

Drill an einem Bergsee.

(AFTMA-Gewicht) (ca. 0,8 mm), F (floating) für schwimmend steht; die Klasse 2 hat einen stärkeren Durchmesser und wird daher auch für dementsprechend schwere Schußköpfe als Schußleine verwendet.
Beim ersten Aufspulen der Schußleine (Cobra) ist es wichtig, diese unverdreht auf die Rolle zu bringen. Dies wird dadurch erreicht, daß man die neue Schußleine komplett von der Verpackungsrolle abnimmt und sie dann leicht gespannt, etwa durch ein Buch, aufrollt. Beim Werfen der großen Weiten, die nur beim Naßschnurfischen mit dem Schußkopf erreicht werden, liegt das Hauptproblem im Auflegen der Schußleine am Boden. Dabei sollte auf kleine Dinge, wie z. B. Äste, Laub usw., geachtet werden, die beim Abziehen der Leine mitgerissen werden und uns meist am untersten Rutenring die schönste »Perücke« bescheren könnten.
In England z. B. werden zum Ablegen der Schußleine kleine, meist vor dem Bauch angebrachte sogenannte »Shooting Baskets«, was so viel wie Schußkörbe bedeutet, verwendet. Diese Schußkörbe werden z. B. von der Firma Orvis in verschiedenen Arten hergestellt; können aber auch leicht selbst aus Kunststoff oder Leichtmetall angefertigt werden. Wichtig dabei ist, daß am Körbchenboden mehrere Löcher vorhanden sind, um ein Abtropfen des mit der Schußleine mitgeführten Wassers zu gewährleisten. Trotzdem sind diese Körbchen keine Garantie für ein sauberes und problemloses Abschießen der Leine. Denn nur wenn die Leine darin sorgfältig abgelegt wird, ist dies möglich. Eine andere Möglichkeit besteht darin, die Schußleine in Klängen in der Hand zu halten, wobei auch geübte Schußkopfangler meist nur etwa 30 m Schußleine ordentlich und ohne Verwicklung halten können. Dies ist jedoch nicht einfach. Besser ist es, fischen wir z. B. von einer Uferkante des Sees aus, die Schußleine in Ringen auf »hängerfreiem« Boden oder in den erwähnten Schußkörbchen abzulegen.

Fischen mit Schußkopf – Bei unserer beschriebenen Art des Fischens finden wir für den schwimmenden Schußkopf eher wenig Verwendung, außer wir befinden uns an einem See, dessen Forellen ausschließlich weit draußen (über 30 m) steigen oder vom Boot aus nicht gefischt werden darf. Dazu wäre dann noch notwendig, daß sich wenigstens jede 5. Forelle nach einem Biß, den wir auf diese Entfernung wohl kaum mehr genau feststellen könnten, selbst »aufhängt«. Dann wäre eventuell mit Vorbehalt zu einem schwimmenden Schußkopf zu raten. Ich bin allerdings der Meinung, an unseren Seen und Talsperren darauf verzichten zu können.
Anders verhält es sich dagegen bei den sinkenden, speziell den schnell sinkenden Schußköpfen. Wir stellen uns einen herrlichen Tag an einem Bergsee vor, an dem starker Betrieb durch Boote und Urlauber herrscht. Durch den großen Lärm der Schwimmer und Ruderer befindet sich kaum ein Fisch in der Nähe der Wasseroberfläche. Diese stehen dann meist an Scharkanten (Abbruch) im See. Bei halbwegs klarem Wasser können wir diese Scharkante, durch die stark dunklere Färbung des Wassers, leicht erkennen.
Wir suchen uns also eine geeignete Wurfposition aus, bei der wir auch beim Rückwärtswurf eine möglichst freie Wurfbahn vorfinden. Führen wir kein Schußkörbchen mit, so säubern wir uns den Ablegeplatz der Schußleine sorgfältig von Ästen und dergleichen. Da die Schußleinen relativ teuer sind, sollte man dies nicht außer Acht lassen, da durch zu häufiges Entwirren eines Schnurknäuels diese dann so beschädigt ist, daß sie nicht mehr problemlos durch die Ringe gleitet und somit ausgewechselt werden muß.
Wir werfen den Schußkopf nun vor uns einmal ins Flachwasser. Vor der nun beginnenden Beschleunigungsphase (bereits beschrieben) achten wir darauf, daß der Schußkopf mit seinem Ende vor dem ersten Rutenring (Spitzenring) steckt.

Wer gut werfen kann, der schafft es auch an solchen Stellen im Fluß, seine Fliege optimal zu präsentieren.

Wir schätzen die Entfernung von dem Platz, an dem wir stehen bis zur Scharkante im See ab und legen ungefähr diese Länge Schußleine in Klängen auf den Boden, damit die Länge der Schußleine etwa gleich mit der Entfernung zur Scharkante ist. So kann der Schußkopf nach dem Aufkommen am Wasser ungehindert im Tiefwasser absinken. Dies geht beim Super-Sinker sehr rasch vor sich. Wann die Leine wieder eingeholt werden soll, ist natürlich schwer zu beschreiben. Jedoch auch jeder Anfänger hat dies, spätestens nach den ersten 3 oder 4 Würfen, bereits im Gefühl. In der Regel kommt, durch seine hohe Eigenschwere, zuerst der Schußkopf am Gewässergrund auf, dann folgt der Streamer, das Vorfach und zuletzt die Schußleine. Dies hat den Vorteil, daß sich die Schußleine und auch der Streamer eher selten am Seegrund verhängen, vorausgesetzt natürlich, man läßt die Leine nicht allzu lange am Grund liegen.

Die Schußleine wird in kurzen, gleichmäßigen Zügen eingeholt und wieder am sauberen Boden in Klängen abgelegt. Dabei befindet sich die Rute in einem Winkel von etwa 30 bis 45 ° zum Wasser, um bei eventuellem Biß genügend Raum, für einen Anhieb nach oben, vorzufinden. Haben wir die Schußleine soweit eingeholt, daß sich der Schußkopf noch ca. 30–50 cm vor dem ersten Rutenring befindet (das kann auch mehr sein), werfen wir einen kurzen Blick auf unsere Schußleine, ob sie auch hängerfrei abgelegt ist, beginnen anschließend wieder mit der Beschleunigungsphase und setzen somit wieder den Grundstein für ein neuerliches Ablassen des Schußkopfes.

Fliegenfischen auf Friedfische

Döbel

Der »Aitel«, wie er auch genannt wird, ist der Überlebenskünstler unter den Friedfischen schlechthin. Dort, wo die Wasserverschmutzung ein Leben für Fische gerade noch zuläßt, ist der Aitel ebenso zu Hause wie in den Alpenseen in 1000 Meter Höhe. In gepflegten Salmonidenflüssen, in denen er auch in großer Zahl, sehr zum Leidwesen der Fischereiberechtigten, die um ihren Forellenbestand bangen, vorkommen kann, wird er in der Regel zu unrecht als Schadfisch (Fischbrut) verfolgt. Der waidgerechte Fliegenfischer weiß, daß dies Unsinn ist. Nicht der Döbel, der ab und zu ein krankes oder unvorsichtiges Forellchen verspeist, sondern der Mensch ist Schuld, wenn der Forellen- oder Äschenbestand zurückgeht. Wasserverschmutzung, unnötige Verbauungen und zum Teil schlechte Besatzmaßnahmen sind sehr oft die Gründe dafür. Ist der Aitel über seine unvorsichtige Jugendzeit hinausgekommen, hat er, auf Grund seiner enormen Lernfähigkeit, gute Chancen alt und kapital zu werden.

Diese alten, großschuppigen und kapitalen Burschen sind es, die selbst profilierte Routiniers unter den Fluganglern während der Maifliegenzeit oft weite Fahrten in Kauf nehmen lassen, um dabei zu sein, wenn die Döbel nach diesen Insekten steigen.

Um große Aitel mit der Fliege zu fangen ist Geschick, werferisches Können und Erfahrung im Anwaten nötig, denn wenn diese dickköpfigen Burschen einmal bemerkt haben, daß es ihnen an den Kragen gehen soll, sind die Chancen, einen kapitalen Aitel von 1,50 bis 3 kg zu fangen, gleich auf den Nullpunkt gesunken.

Mit kleinen Döbeln, die in der Regel in

Wenn der Stausee voll ist, ziehen auch Döbel in das Überschwemmungsgebiet. Diese sind nur schwer zu überlisten.

»Schulen« im Fluß (Aitelplätze) stehen, ist es dagegen wesentlich einfacher. Sie sind zwar, wenn die Entfernung zum werfenden Fischer nur groß genug ist, nicht so scheu, doch im Vergleich zu den Forellen, die an guten Tagen mit geradezu selbstmörderischen Aktionen versuchen, der Fliege habhaft zu werden, eher sehr argwöhnisch.
Ob wir am See vom Boot oder vom Ufer aus, den gerne am Schilf entlangziehenden Aiteln nachstellen, es ist ebenso wichtig wie beim Waten im Fluß, jede unnötige Störung, durch hastiges Aufstehen im Boot oder Plätschern mit dem Ruder oder zu viele Leerwürfe vom Ufer aus, zu vermeiden. Die Art und Weise, wie sich der Flugangler an einen zur Nahrungsaufnahme an der Wasseroberfläche befindlichen Döbel heranpirscht, entscheidet oftmals über den Erfolg.
Aiteln sollen, wenn immer es möglich ist, vom im Wasser stehenden Angler von hinten angeworfen werden. Zur Maifliegenzeit verwendet man selbstverständlich eine gute Maifliegennachbildung. Im Sommer, ähnlich wie im Herbst, kann der Angler mit buschigen Fliegen, z. B. »Palmer«, Heuschreckenimitationen und Käfernachbildungen, gute Erfolge haben. Beim Naßfischen können wir auch kleine Streamer (Pfrillenstreamer), jedoch nicht zu groß gebunden, einsetzen. Schwarze, große Naßfliegen, sowie dicke Nymphen, erwecken bei den stets gefräßigen Aiteln großes Interesse. Manch großer Fisch kann damit (zum Forellenfischen viel zu plump und unförmig gebundenen Fliegen) gelandet werden.
Beim üblichen Flußabwärtsfischen mit Naßfliege oder Streamer ist es vielleicht noch wichtiger als beim Trockenfischen (bei dem der Fliegenfischer hinter dem Fisch steht) sich langsam und vorsichtig zu bewegen, vorhandene Deckungen (Büsche, Bäume usw.) gut auszunützen, um so Aitelstandplätze mit Erfolg zu befischen. Geübte Flugangler werfen Aitel, trocken sowie naß, auf weitesten Entfernungen an. Dies richtet sich selbstverständlich nach dem Wurfkönnen des einzelnen Anglers.
Wir befischen Aitel in der Regel mit leichtem Flugangelgerät, Klasse 5 bis 6, auch Leine, Backing-Leine und Vorfach entsprechen dem des Forellenfischens. Beim Trockenfischen sollte die Vorfachspitze 0,16 mm nicht überschreiten, denn Döbel sind im Nehmen der Fliege eher langsam, da diese Fische selten in schnellen Gewässern stehen, dadurch haben sie genügend Zeit, ein dickeres Vorfach leicht zu erkennen und ein Steigen nach der Fliege zu unterlassen. Beim Naß- oder Trockenfischen am See kann, bedingt durch die Wellen, die Vorfachstärke mitunter 0,20 mm betragen, jedoch nicht mehr, denn trotz der bewegten Wasseroberfläche muß man mit der sprichwörtlichen Schläue der Döbel rechnen.

Fliegen – Wir richten uns immer nach dem natürlichen jahreszeitlichen Fliegenangebot. Es ist aber manchmal lobenswert, dickgebundene Fliegen einzusetzen, da der Döbel solche »Brummer« bevorzugt.
Dem, am Döbelfischen interessierten Leser, möchte ich den Tip geben, daß alles, was der Angler an den Ufergräsern, Büschen oder Schilfhalmen usw. an Insekten oder Käfern findet, als Imitation, gebunden, zum Fischen geeignet ist. Namen berühmter Aitelfliegen sind z. B. Schneiders Aitelfliege, »Palmer« (in den Farben schwarz und braun), Sedge usw. Großgebundene, Hakengröße 10 bis 12, sind z. B. »Bivisible« (brown and black), »France Tricolore«, Maifliegen, Heuschrecken- und Käfernachbildungen.

Karpfen

Fliegenfischen auf Karpfen erfreut sich vielerorts immer größerer Beliebtheit. Gute Möglichkeiten, Karpfen mit der Flie-

Viel Einfallsreichtum ist nötig, um Karpfen mit der Fliege oder mit Nymphen zu überlisten (starkes Gerät ist Voraussetzung).

Die Mühe hat sich gelohnt.

ge anzufischen, sind im Frühjahr – sobald es in den oberen Wasserschichten warm wird – und man die sich gerne sonnenden Fische auf Sicht anwerfen kann. Mit einer hochgeführten Nymphe können diese optimal befischt werden. Ebenfalls erfolgversprechend ist die Trockenfliege, wenn sie zwischen den Seerosenblättern geführt wird, um von den »Dicken« eingesaugt zu werden. Ein hundertprozentiges Patentrezept, wie man beim Befischen von Karpfen Erfolg hat, gibt es nicht. Zu unterschiedlich sind die Gewässer und Gegebenheiten; hier sind den Phantasien des einzelnen Fliegenfischers keine Grenzen gesetzt. Einige binden sich »Fliegen« aus Rehaar, die gelb eingefärbt und zugeschnitten wie Semmelstücke aussehen. Tatsache ist, daß Karpfen prinzipiell sehr wohl Nymphen, Bachflohkrebse, Zuckmückenlarven und andere Fischnährtiere als natürliche Nahrung aufnehmen. Grundsätzlich ist beim Fliegenfischen auf Karpfen festzustellen, was in den jeweiligen Gewässern an natürlichem Nahrungsangebot am meisten vorkommt, und das dann zu imitieren.

Beim Karpfenfischen mit der Fliege muß man sich immer bewußt sein, daß man auf einen schwergewichtigen Gegner stoßen kann. Darum schlage ich vor, mindestens eine Rute der Klasse 7/8 zu verwenden. Auf der Rolle sollten wenigstens 50 Meter Backline sein; die Vorfachstärke sollte über 0,22 mm Stärke liegen.

Wichtig wäre abschließend hinzuzufügen, daß das Vorfach eher länger sein sollte, als beim Fischen auf Salmoniden (3–3,5 m), denn Karpfen sind – wie wir wissen – gewitzte Burschen und sollten von der Fliegenschnur nichts zu sehen bekommen.

Laube, Rotauge, Rotfeder, Hasel

Sie gehören zu den Fischarten, die man in den meisten Seen und in ruhigen Flüssen Mitteleuropas antrifft. Da diese gerne

Laube auf Trockenfliege gefangen.

Oberflächennahrung nehmen, sind solche Fischarten auch für uns Fliegenfischer interessant. Keine der genannten Arten erreicht beim Drill die Größe oder Kampfkraft wie etwa Forelle oder Äsche. Doch leider haben auch nur wenige Flugangler das Glück, an schönen Forellen- und Äschengewässern zu leben. Die Realität sieht meist anders aus. Die meisten Flugangler haben, außer in ihrem Urlaub, nur wenig Gelegenheit mit der Fliegenrute zu fischen, aber trotzdem kein Grund, seine Flugangel in der Zwischenzeit in die Ecke zu stellen. Weiher und Tümpel, an denen an Sommerabenden Rotaugen nach Fliegen schnappen, Flüsse und Altwasserarme, in denen es oft viele Haseln gibt, sind (von Hecht und Barsch einmal ganz abgesehen) Grund genug, den Karpfenköder, wenn sonst nichts beißt, herauszukurbeln und mit der Fliege den kleinen Friedfischarten nachzustellen. Der Anfänger, sowie der fortgeschrittene Flugangler, kann bei dieser Art des Fliegenfischens, mit leichtem Gerät, Klasse 2 bis 4, seine Techniken verfeinern. Wir können selbstverständlich auch Lauben usw. mit unserer gängigen Rute, Klasse 5 bis 6, befischen. Sich für jede Fischart eine eigene Geräteklasse zuzulegen, wäre einfach zu kostspielig.

Allgemein verwenden wir beim Fischen auf Lauben, Rotaugen, Rotfedern und Haseln nur allerdünnste Vorfächer der Stärke 0,10 bis max. 0,12 mm. Fliegen werden mit Ha-

Dieses ruhige Wasser beherbert große Aiteln und Forellen.

Kleine Barbe mit etwa ½ kg. Bei den kleinen Barben gelingt der Fang mit der Fliegenrute eher.

kengröße 20 verwendet. Besonders die Anfänger in der Fliegenfischerei werden erkennen müssen, daß es durchaus nicht leicht ist, diese kleinen Fliegen gezielt und plaziert aufzulegen und den Anschlag bei einem Biß rechtzeitig zu setzen. Auch eine große Rotfeder am hauchdünnen Vorfach und am doch schweren Forellengerät zu drillen, erfordert viel Erfahrung. Speziell die Angler mit der Fliegenrute, die beim Forellen- und Äschenfischen mit dem Setzen der Fliege und dem Anhieb Probleme haben, finden beim Befischen der kleinen Friedfischarten beste Trainingsmöglichkeiten vor. Auf besonderes Anwaten und ähnliches muß dabei nicht besonders hingewiesen werden, da Rotaugen und Lauben, wie auch andere der kleinen Friedfischarten, bei gutem Insektenangebot auf dem Wasser, in großer Zahl (Schwarm) danach steigen.

Nasen, Barben

In den intakten Äschenregionen breiter Flüsse kommen in der Regel auch Nasen und Barben vor. Beide Fischarten sind Grundfische. Das unterständige Maul beider Arten läßt gut erkennen, daß diese Fische auf Grundnahrung spezialisiert sind. Während die Barbe nur vom Grund Nahrung aufnimmt, ist die Nase auch an Futter interessiert, das knapp über dem Boden treibt.

Für uns Fliegenfischer spielen daher die Nasen und Barben eine eher untergeordnete Rolle. Trockenfischen scheidet völlig aus und beim Nymphenfischen auf beide Arten liegt das Hauptproblem darin, daß sie die tiefsten Stellen im Fluß bevorzugen. Dazu kommt noch, daß Barben auch sehr

Kleine Nymphen die mitunter auf Nasen und Barben erfolgreich sind.

tiefe Stellen mit starker Strömung aufsuchen. In schwach strömenden und weniger tiefen Flüssen und Bächen sind die Chancen, Barben selbst mit »fast-sinking-Schußkopf« zu fangen, fast unmöglich, denn in charakteristischen Nasen- und Barbenflüssen (schwere Strömung), treibt es uns auch die schwersten Nymphen auf. Auch sind die vielen »Hänger«, da wir den Schußkopf in Bodennähe bringen müssen, ärgerlich.

Vor und nach der Laichzeit von Barben und Nasen, wenn diese in flache Fluß- oder Bachabschnitte aufgestiegen sind und am Grund stehen, kann man bei intensivem Befischen eines Nasenschwarms gute Erfolge haben. Im Gegensatz zu den Barben, die, wie schon erwähnt, nur vom Boden Nahrung aufnehmen. Meist hängt auch die Nymphe schon am Grund fest, bevor wir den Beißbereich der Barbe erreichen. Barben mit Nymphen zu fangen ist mit sehr viel Glück verbunden.

Nasen und Barben werden am besten mit Imitationen aus Kunststoff, die beim Forellenfischen nicht besonders beliebt sind, befischt. Sehr gut bewähren sich dabei auch Madennachbildungen und kleine rotfarbene Nymphen. Der Biß erfolgt meist, wenn die Nymphe knapp über dem Boden in der Strömung treibt. Sollte bei dieser Art des Fischens eine Großbarbe beißen, kann der Fliegenfischer einen Superdrill erleben, den er wahrscheinlich nicht so schnell vergißt. Barben sind sehr kampfstark und ausdauernd und in diesen Dingen sogar den Forellen weit überlegen. Aber auch Nasen sind gute Kämpfer. Für beide Arten sollte das Vorfach mindestens 0,18 bis 0,20 mm stark sein.

Auf Grund der eingangs erwähnten Lebensart dieser Arten sollte der Angler verstehen, warum wir uns nicht ausführlicher mit Nase und Barbe beschäftigen. Die Probleme, die beim Befischen dieser Grundfischarten auftreten, sind derart komplex, daß sich nur ganz wenige Flugangler längere Zeit damit befassen.

Rapfen (Schied)

Er gehört zur Familie der karpfenartigen Fische *(Cyprinidae)*. Optisch gibt der Rapfen durch seinen langgestreckten Körper (blaugrau – seitlich silbern) einen schnellen Eindruck wieder.

Rapfen leben gerne in großen Seen, Flüssen und deren Zuläufen, in die sie auch zum Laichen wandern. Der Rapfen ist ein Oberflächenfisch. Mit zunehmender Größe bejagen die Rapfen dann auch größere Fische, wie z. B. Lauben (Ukelei). Dies läßt sich oft an Seen, Altwasserarmen an denen Schiede vorkommen, gut beobachten (auseinanderspritzende Ukeleien). Rapfen sind pfeilschnell und erfordern viel werferisches Können, da gute Erfolge nur aus großer Wurfdistanz möglich sind.

Am besten lassen sich Rapfen vom treibenden Boot aus, in der Nähe von Ukeleischwärmen, befischen. Der Angler wirft, wenn er raubende Rapfen ausgemacht hat, diese etwa 2 m vor dem Standplatz an, der Streamer wird relativ rasch eingeholt. Beim Einholen genügt es völlig, wenn sich der Streamer gerade noch unter der Wasseroberfläche fortbewegt. Bei zu langsamem Einholen merken die Schiede meist den Betrug mit dem Kunstköder und lassen davon ab. Dasselbe kann auch durch zu schnelles Einholen passieren, nämlich dann, wenn der Streamer auf der Wasseroberfläche dahinschlittert. Für diese Fischart eignen sich z. B. »Sink Tip-Leinen« hervorragend. Der Streamer sinkt nicht zu tief, so daß wir deshalb eine zusätzliche Beschwerung des Kunstköders nicht brauchen.

Die Vorfachstärke sollte um 0,22 mm liegen. Die Streamer beim Rapfenfischen sollten kleine Weißfische imitieren (Pfrillenstreamer). Auch etwas Rot im Streamer trägt zur Fängigkeit bei.

Gelegentlich kommt es beim Schleppen mit der Naßfliege oder kleinem Streamer in Ufernähe vor, daß Rapfen auch die Naßfliege nehmen.

Fliegenfischen auf Hecht, Zander, Barsch

Hecht

Während in Amerika die Zahl der Angler, die mit der Fliegenrute Hecht und Barsch fischen ständig zunimmt, trifft man in Mitteleuropa nach wie vor nur gelegentlich Idealisten, die aus Prinzip jeder Fischart, so auch Hecht und Zander mit der Flugangel zu Leibe rücken. Eigentlich schade, denn die nasse Waid mit der Fliegenrute, z. B. auf Hecht, gehört wohl zu den interessantesten Techniken in der gesamten Fischerei.

Manche Anglerkollegen werden spätestens jetzt dagegenhalten, daß sie an größeren Seen mit einem Blinker, in wesentlich kürzerer Zeit, weit mehr Wasserfläche abfischen können. Dies ist zum Teil richtig, jedoch besonders im Spätherbst, wenn das Wasser schon sehr kalt ist, kann das gezielte Befischen markanter Hechtplätze mit der Fliegenrute, wie versunkene Bäume, Stege, Schilf usw., von Erfolg gekrönt sein. Zu dieser Zeit schwimmt auch der Hecht dann einer allzu schnell fliehenden Beute (Blinker) meist nicht mehr nach. Hier sind die Chancen mit dem Streamer an der Fliegenrute dem Blinker oder Wobbler gleichzustellen, wenn nicht sogar besser.

Der große Vorteil beim Streamerfischen auf Hecht, gegenüber anderen Techniken, liegt in der langsamen Einholgeschwindigkeit der Fliegenschnur, die es uns auch möglich macht, den Streamer im Vergleich zum unförmig laufenden Blinker »schweben« zu lassen. Die Eigenbewegung des Streamers, hervorgerufen durch langgebundene Haare oder Federn, kann der Flugangler noch zusätzlich durch ruckartiges, unregelmäßiges Einholen der Leine verstärken. Beim Fischen auf Hecht in Flüssen oder Seen verwendet man meist »Riesenstreamer« bis Hakengröße 7,0. An Stellen, an denen auch Zander vermutet werden können, sollten Streamer mit einer Hakengröße über 3,0 nicht zum Einsatz kommen.

Beim Anfischen eines vermeintlichen Hechtstandplatzes werfen wir, von einer Position ausgehend, den Standplatz des Fisches, z. B. (versunkener Baum) einmal zur Mitte hin an, lassen den Kunstköder langsam absinken, bis er in der Nähe des Grundes angelangt ist. Dann wird der Streamer langsam und etwas ruckartig mit nach unten gesenkter Rutenspitze, um jederzeit den Anhieb setzen zu können, eingeholt. Danach werfen wir nach rechts, dann nach links und wieder nach rechts, usw. Ist man sich sicher, alles genau abgefischt zu haben und es hat trotzdem keiner gebissen, zieht man zum nächsten bekannten Hechtstandplatz weiter.

Auch das Schleppen vom Boot aus, kann interessant sein und schwerste Fische bringen. Wenn der Angler richtig mit der Fliege schleppt, ähnlich wie beim Tiefenschleppen in Bergseen, sind die Erfolge, im Vergleich zum Schleppen mit anderen Kunstködern, in etwa gleich. Beim Schleppen auf Hecht sollte allerdings nur schwerstes Material verwendet werden, wobei

Montage eines Hechtvorfaches

Hecht auf Streamer gefangen.

auch das Lachsgerät zum Zuge kommen kann (s. ›Schleppen mit der Fliegenrute auf Salmoniden‹, Seite 96).
Beim Fliegenfischen verwenden wir Ruten der Klasse 7 und aufwärts, beim Schleppen auf Hecht setzen wir Geräte der Klassen 9 bis 10 aufwärts ein. An Backline sollte der Angler mindestens 50 m, beim Schleppen jedoch mindestens 70 m auf der Rolle haben. In manchen Tiefen der anzuwerfenden Stellen oder in großen Wassertiefen, in denen wir schleppen, kann man auch schnell sinkende Leinen oder den Schußkopf einsetzen.

Vorfächer – An Hechtvorfächern sollte immer ein mindestens 25 cm langer ungeflochtener Stahldraht montiert werden, um ein Durchscheuern des Vorfaches (messerscharfen Zähne des Hechtes) zu verhindern.
Die in Fachgeschäften angebotenen üblichen Stahlvorfächer (geflochten) taugen zum Werfen meist nicht. Einmal überschlägt sich die Fliege beim Werfen und hängt im Vorfach, oder durch das geringe Eigengewicht des Streamers bilden sich die üblichen Kringel. Die Länge des Vorfaches an den sinkenden Leinen sollte, wie bereits des öfteren erwähnt, nicht über 2 m erreichen (Auftrieb der Fliege). Die monofile Vorfachspitze sollte 0,30 mm aufwärts, beim Schleppen mindestens 0,40 mm haben.

Drill im Ausfluß des Pillersees.

Zander

Auch beim Zanderfischen mit der Fliegenrute sollte der Angler die Standplätze und Kanten, an denen Zander ziehen, kennen. Blindes Befischen, wie es oft mit Blinkern praktiziert wird, bringt sehr wenig. Fliegenfischen ist eine wesentlich weniger flächendeckende Technik. Vielmehr sollte unser Interesse den Zanderplätzen gelten, die wir glauben, genau zu kennen. Haben wir einen solchen erreicht, beginnen wir mit dem gezielten Anwerfen.
Anders als beim Hechtfischen, bei dem wir beim Einholen der Leine mit zusätzlichen und unregelmäßigen Bewegungen der Rutenspitze versuchen, den Streamer im Wasser möglichst lebhaft wirken zu lassen, holen wir den Streamer beim Zanderfischen in ruhigen, langsamen Zügen ein. Zander verfolgen in der Regel ihre Beute oft sehr lange. Zu starke Aktivität des Kunstköders könnte den Zander sogar von seiner Verfolgung und somit von einem möglichen Biß abhalten.

Jigs – Diese werden von mir, wie der Leser vielleicht bereits erkennen konnte, nicht sehr geschätzt. Dies bezieht sich aber hauptsächlich auf das Forellen- oder Äschenfischen (Jig-Nymphen). Beim Zander- oder Barschfischen sind Jigs angebracht und für diese Fischarten eigentlich auch gedacht. Sie bieten in der Tat eine

Zander auf Pfrillenstreamer gefangen.

Variante mehr im Flugangeln. Allerdings verwenden wir nicht die schweren Jigs, wie sie beim Spinnfischen in der Regel eingesetzt werden, da wir ja beim Werfen mit der Fliegenrute kein zusätzliches Gewicht an der Fliegenschnur gebrauchen können. Außerdem fördert es eher das Durchschlagen der Leine. Wir verwenden an der Fliegenschnur sehr leichte Jigs, mit einem relativ kleinen Bleikopf.

Mit Jigs zu fischen hat eigentlich nur einen Sinn in Wassertiefen zwischen 2 und 3 Meter, wenn die Zander hoch stehen, z. B. im Frühjahr. Am besten fischt man mit Jigs an schwimmenden oder Sink Tip-Leinen. Diesen Köder lassen wir beim langsamen Einholen der Leine über den Grund »holpern«. An der schwimmenden Schnur werden Jigs meist am langen Vorfach, durch einen angeknüpften Teil etwa 3 m, verwendet. Auch können wir beim Jigfischen etwas mit der Rutenspitze wippen, um den Köder am Grund besser »hüpfen« zu lassen. Dies sollte jedoch nicht übertrieben werden, um einen möglicherweise folgenden Zander nicht vom Biß abzuhalten.

In langsam fließenden Flüssen und im flachen Seegrund hat sich diese Art des Flugangelns sehr gut bewährt. Sollte aber über die oben bezeichneten Wassertiefen hinaus gefischt werden, verwenden wir am besten wieder Streamer und je nach Wassertiefe langsam oder schnellsinkende Leinen.

Gerät – Beim Zanderfischen verwenden wir ebenso wie beim Hechtfischen Ruten und Leinen der Klasse 7/8 und aufwärts. Das Vorfach kann dieselbe Länge besitzen, wie sie beim Hecht angegeben ist. Allerdings würde es ausreichen, wenn die Vorfachspitze 0,30 mm monofile Schnur nicht überschreitet. Ein Stahlvorfach oder Stahldraht brauchen wir für Zander nicht.

Barsch

Wer kennt ihn nicht, den Raubritter unserer Flüsse und Seen. Beim Barschangeln mit der Fliege werden wieder Jugenderinnerungen wach – alte Bootsstege, ein Stück monofiler Schnur, 2 oder 3 Bleikügelchen, einen Haken und daran der Wurm, der mit einer geschickten Drehbewegung ins Wasser saust. Und mancher Bub, der heute die Seele seines Vereins ist, zog so seinen ersten Fisch an Land, meist einen Barsch. Diese, im Verhältnis zum Hecht kleinen Räuber, treten meist in Gruppen auf. Große Barsche haben ein einzelgängerisches Wesen. Hat man eine Schule Barsche entdeckt, gibt es kaum Probleme, mit einer gut gewählten Naßfliege, die noch exakt plaziert im Barschtrupp ankommt, gleich den ersten Biß zu haben.

Barsche kann man mit der leichten Flugangel befischen. Geräte der Klasse 5 bis 6 sind auch für große Barsche ausreichend. Der experimentierfreudige Flugangler, der gerne seine Streamer selbst bindet, kann mit kleinen Einschränkungen bezüglich Größe und Umfang der Fliege, seiner Fantasie beim Binden von Barschfliegen freien Lauf lassen. Rote und schwarze, sowie glänzende Materialien (Flashabou), geben auf Barsche eine große Reizwirkung ab. Für Streamer und Naßfliegen sollten wir über Hakengröße 6 nicht hinausgehen, da auch oft sehr kleine Barsche beißen und diese nach dem Zurücksetzen oft sehr leicht verenden. Ansonsten fischen wir mit leichten Flugangeln, mit derselben Menge an Backline wie beim Fischen auf Forellen, etwa 20 m. Die Vorfachstärke ist mit 0,25 mm völlig ausreichend.

Barschköder (Reizfliegen). Von links nach rechts: *Jig-Nymphe, Großer roter Augenstreamer, Mindeller Minnow.* Unten links: *Arthofer-Nymphe, Kleiner Augenstreamer, Alexandra-Nymphe.*

Mit der Fliege auf »Großsalmoniden«

Lachs und Meerforelle

Einen Lachs mit der Fliege zu fangen, davon träumen viele Fliegenfischer, die weitab der berühmten Lachsgewässer wohnen. Wer genügend Zeit und Geld zur Verfügung hat, für den sind die Möglichkeiten auf Lachs und Meerforelle zu fischen nicht sehr gering. So zum Beispiel in Alaska, wo es Fanggründe gibt, die sonst nirgends annähernd erreicht werden können. Trotzdem bedarf es seriöser Informationen.
Problematischer wird es, will man in europäischen Lachsflüssen (England oder Skandinavien) erfolgreich sein. Denn einmal sind die Bestände an Salmoniden in diesen Gewässern bei weitem nicht so groß wie in Kanada oder Alaska. Zum anderen sind die Aufstiege der Großsalmoniden in den einzelnen Flüssen sehr unterschiedlich, so daß die Informationen für europäische Flüsse sehr gut sein sollten. Am besten ist es, wenn die Beschreibungen von Freunden stammen, die schon selbst an diesen Lachsflüssen waren.

Die Mühen, Kosten und die weite Reise haben sich gelohnt. Verfasser mit kapitalem Lachs, der mit einer *Mörrum Tube-Fly* gefangen wurde.

Die unterschiedlichen Aufstiegszeiten der Lachse in europäischen Flüssen sind auf die verschiedenen Stammformen der Lachse zurückzuführen; selbst die vorprogrammierten Aufstiege können zum Beispiel durch einen langen Winter und stark schwankende Wassertemperaturen zeitlich verschoben werden und deshalb auch nicht vom Kalender abgelesen werden, wie mancher Reiseveranstalter dies gern hätte. Da kann es schon passieren, daß man ein bis zwei Wochen zu früh oder zu spät im Fanggebiet ankommt, obwohl laut Prospekt gerade jetzt die Fangsaison ihren Höhepunkt erreicht hat. Wenn die Fische schon früher als erwartet im Fluß sind, haben sich die Aggressionen und Beißreflexe teilweise so stark gelegt, daß selbst einheimische Angelprofis mit der Lachsrute nur mehr unter größten Schwierigkeiten den einen oder anderen Lachs landen können.
Um einigermaßen erfolgreich in europäischen Flüssen auf Lachs oder Meerforelle zu fischen, sollte man nachstehend aufgeführte Punkte beachten:
1. Informationen über Fluß und vermeintliche Aufstiege einholen.
2. Erfahrungen mit der Einhandrute sind wichtig beim Werfen mit der Zweihandrute.

3. Theoretisches Wissen über die Lachsfischerei aneignen.
4. Sich nach Möglichkeit in der Wahl des Gerätes auf den zu befischenden Fluß einstellen.

Wenn der Angler diese Punkte einigermaßen beherzigt, sind die Fangmöglichkeiten auch mit geringeren Investitionen gut. In vielen Flüssen Skandinaviens haben sich die Fänge durch umfassende Schutzmaßnahmen, z. B. Klärung der Abwässer, Einschränkung der Netzfischerei und stärkere Besatzmaßnahmen, in den letzten Jahren verdoppelt.

In der Mörrum in Südschweden hat sich durch intensiven Lachsbesatz der Bestand seit 1980 zuerst verdoppelt, dann bis 1985 sogar vervierfacht. Die hohe Bestandsdichte erwies sich jedoch ab 1991 als fatal, weil sich dadurch Fischkrankheiten besser ausbreiten konnten. Ob nun diese Krankheiten eingeschleppt wurden, oder der extrem starke Besatz an Lachsen als Auslöser förderlich war, daran scheiden sich bis heute noch die Fachmeinungen. Jedenfalls hat man aufgehört, zusätzlich zum natürlichen Aufkommen Lachse zu setzen. Seither hat sich der Lachsbestand auf ein gesundes Maß eingependelt. Die Fischerei in der Mörrum kann wieder als erstklassig bezeichnet werden und ist einer der bekanntesten Lachs- und Meerforellenflüsse Europas, andererseits ist dieser Fluß von Deutschland aus leicht mit dem Auto zu erreichen.

Die Fischereisaison erstreckt sich von April bis September, die Kosten für Lizenzen sind für ein Lachsgewässer dieser Spitzenklasse ungewöhnlich niedrig. Wie ich eingangs schon erwähnte, sind die Aufstiege und Fangzeiten der Großsalmonidenfamilien zu unterschiedlich, um das gesamte Thema hier pauschal abhandeln zu können. Trotzdem kann der am Lachsfischen interessierte Leser sich einen Einblick durch die hier vorliegende Beschreibung der Fischerei an der Mörrum (Südschweden) verschaffen. An den meisten europäischen Lachsflüssen sind dieselben Tech-

Lachsmilchner. Gut erkennbar der große Laichhaken, der beim Schließen des Maules in einer Mulde im Oberkiefer Platz findet.

niken, wie wir sie an der Mörrum anwenden, durchaus brauchbar, jedoch muß dabei immer Rücksicht auf die Charakteristik des jeweiligen Flusses, auf die Größe der Salmoniden, auf die Fliegen und die Aufstiege genommen werden.

Die besten Zeiten für die Großsalmoniden-Fischerei an der Mörrum:

April bis Mai: Überwinterte Lachse und Meerforellen;

Mai bis Juni: Neu aufgestiegene Lachse bis etwa 20 kg;

Juli bis August: große Lachse bis 27 kg;

August bis September: kleine Lachse (genannt »Grilse«) 0,5–2 kg;

September: Aufstieg großer Meerforellen.

Meiner Meinung nach sind die besten Fangzeiten an diesem Fluß die ersten 3 bis 4 Wochen im April und die letzten zwei Septemberwochen. Dafür gibt es natürlich keine Garantie. Zuweilen kann es vorkommen, daß trotz einer ganzen Woche intensivsten Fischens nur wenige Salmoniden gefangen werden. Lizenzen für das Eröffnungsfischen am 1. und 2. April sind um ein Vielfaches teurer und können nicht vorbestellt werden, da sie erst direkt am Eröffnungstag an Ort und Stelle verlost werden.

Verhalten der Lachse und Meerforellen – Besonders bei den Lachsen ist es sehr umstritten, warum die Großsalmoniden auf Reizköder wie Lachsfliege oder Blinker »beißen«, obwohl sie eigentlich im Fluß keine Nahrung mehr zu sich nehmen. Eine der wohl sichersten Theorien ist, daß aufsteigende Lachse den angeborenen Jagdinstinkt noch nicht abgelegt haben und reflexartig nach Fliege oder Blinker schnappen, die sie möglicherweise an eine frühere Beute erinnern. Anders jedoch stellt sich die Sache im Herbst an der Mörrum dar, dort ist nämlich mit der Beutetier-Reflex-Theorie nicht mehr viel anzufangen. In den letzten Septemberwochen beginnen die Lachse, die oft zwei Monate oder länger im Fluß stehen, wieder zu »beißen«. Darunter versteht man, daß die Salmoniden beginnen, nach verschiedenen, ihnen lästig erscheinenden Dingen zu schnappen.

Mögliche Gründe dafür sind (dies ist auch die Meinung der Angestellten der Lachsaufzuchtstation): sinkende Wassertemperaturen, die Revierkämpfe an den Liegeplätzen, die Laichbereitschaft und die daraus resultierende Aggression. Umso erfreulicher für den Angler, sollte es sich bei diesen Dingen um seine Lachsfliege handeln.

Anders als die Lachse, die im Fluß teilweise ohne Nahrungsaufnahme überwintern, beginnen die Meerforellen nach dem Ablaichen wieder zu fressen. Im Fluß, während der Winterzeit, allerdings nur auf Sparflamme. Dies kann als sicher angenommen werden, denn nur so ist es zu erklären, daß beim Eröffnungsfischen im April durchwegs gut ernährte Meerforellen gefangen werden. Die abwandernden Lachse geben nur mehr eine trauriges Bild von den einst so stattlichen Fischen wider. »Gute« Fischer setzen solche abgemagerten Lachse zurück, denn auch als Speisefische sind diese kaum noch zu verwenden.

Fischen an der Mörrum – Um das präzise Anwerfen und Befischen von Lachs und Meerforelle für den Leser anschaulich darzustellen, nehmen wir wieder als Beispiel das Fischen in den letzten Septemberwochen an der Mörrum zur Grundlage. Sollte dies für manchen Angler möglich sein, hoffe ich, daß die nachfolgenden Informationen für ihn behilflich sein können. Vor allen Dingen sollte der Angler wissen, wo sich Lachs und Meerforelle aufhalten. Dies ist an der Mörrum nicht allzu schwer in Erfahrung zu bringen. Einmal läßt sich dies in Kürze von anderen Anglern erfahren, in welchen Pools die meisten Fische gefangen werden, zum anderen werden die gefangenen Fische jeden Tag vor dem Büro der Fischereiverwaltung in Listen vermerkt, in die jeder Angler einsehen kann.

Die Pools sind ausgewiesene Streckenabschnitte mit meist einem, gelegentlich auch mehreren guten Lachsplätzen. An jenen

Der Verfasser mit einem etwa 10 Kilogramm schwerem Lachsmilchner.

Stellen im Fluß, an denen man Lachse »buckeln« sieht, hat der Angler das Anwerfen wesentlich leichter. Unter »buckeln« versteht man ein delphinähnliches Aufsteigen aus dem Wasser. Hat man einen solchen Platz gefunden, beginnt man mit dem »Anwerfen« der Fische, indem man die Fliege regelmäßig etwas oberhalb des Platzes, an dem wir die Fische vermuten, anbietet. Ist die Lachsfliege tief genug abgesunken (Herbst: Sink Tip-Leine), wird sie vor dem Standplatz des Lachses durch leichtes Wippen mit der Rutenspitze zusätzlich in Bewegung gesetzt, um so eine höhere Reizwirkung zu erzielen.
Stellt sich nach oftmaligem Anwerfen kein Erfolg ein, probiert man eine andere Fliege, wobei es dann nicht selten nach dem ersten Wurf zum Anbiß kommt. Um dem steten Schnurbauch bei starker Strömung und weiten Würfen Herr zu werden, »legen wir die Leine um«, wie wir es vom Fischen mit der Einhandrute kennen (s. Seite 58). Dies ist wichtig, denn somit kann die Fliege bei starker Strömung nicht wegdreggen, sondern beim Zutreiben auf das Ziel absinken. Langes Befischen eines Standplatzes ohne Erfolg sollte vermieden werden, ansonsten würden höchstens nachfolgende Fischer blockiert. Man zieht dann weiter an eine andere Stelle oder einen anderen Pool.

Lachsrute – Eine gute Lachsrute sollte mindestens 4,25 m (14 ft) lang sein. Manche Spezialisten, die man alle Jahre wieder an den berühmten Lachsflüssen Schottlands, sowie an der Mörrum trifft, verwenden sogar noch längere Ruten. Davon sollte sich jedoch der Anfänger nicht

Angler beim Keschern einer kapitalen Meerforelle in der Mörrum.

beeinflussen lassen, denn mit diesen z. B. Rollwürfe durchzuführen, möglichst noch an verzwickten Stellen, erfordert schon viel Übung. Eine 14 ft Zweihandrute ist, soweit man das überhaupt sagen kann, das ideale Gerät. Ruten dieser Länge werden auch von den meisten Lachsanglern an der Mörrum verwendet.

Warum man eine gute Lachsrute um die 4 m haben sollte, hat mehrere Gründe:

1. Große Lachse (10 kg und mehr) ziehen jede Menge Backline ab, oft bis zu 100 m. Mit einer kurzen Rute würde man die Führung zum Fisch völlig verlieren. Dies kann auch mit einer langen Rute passieren, jedoch die Chancen, den Kontakt zum Fisch wiederzufinden, sind ungleich größer.

2. Durch die langen Ruten ist es auch wesentlich leichter, ein Verwickeln der Leine am Flußgrund zu verhindern. Die Schläge des gehakten Fisches werden durch die Rutenlänge gedämpft und der Drill ist somit besser zu kontrollieren.

Nicht zu unterschätzen ist die Wichtigkeit der Rutenlänge bei den enormen Weiten, die oft geworfen werden müssen, um einen Lachsstandplatz zu erreichen oder die tief eingesunkene Schnur mit einem einzigen Schwung vom Wasser abzuheben.

Werfen – Der Unterschied zum Werfen zwischen Einhand- und Zweihandrute ist bei weitem nicht so gravierend, wie mancher Anfänger im Lachsfischen annimmt. Die Wurftechnik ist im Prinzip die gleiche. Die Leine wird mit einem Ruck vom Wasser abgehoben und in der Position gestoppt, wie etwa bei der Einhandrute. Wenn die Fliegenschnur nach hinten voll durchgestreckt ist, kann der Vorwärtswurf, mit dem damit verbundenen Senken der Rute auf 10 Uhr, optimal durchgeführt werden.

Flugangler an der Mörrum.

Ruten der beschriebenen Länge von 14 Fuß sind immer Zweihandruten. Es wäre auch viel zu anstrengend, dieses doch relativ schwere Gerät, mit einer Hand zu werfen. Am Beginn des Werfens mit der Zweihandrute, so ist es auch bei der Mehrzahl der Lachsfischer zu sehen, wird mit einer Hand und halben Rollwürfen Leine ins Wasser gebracht, bis es sinnvoll erscheint, den ersten Zweihandwurf durchzuführen. Der Zug der Strömung im Fluß wird dabei beim Verlängern der Schnur gerne ausgenützt.
Anders als beim Fischen mit der Einhandrute (wobei es im Prinzip eine eher untergeordnete Rolle spielt, wieviel Leerschnur der Angler in Schlaufen in der Hand hält, oder wieviel man im Wasser hinterher schleifen läßt) gibt es im Gegensatz dazu beim Fischen mit der Zweihandrute keine Leerschnur. Anfänger mit der Lachsrute sollten dabei auf folgendes gut achten: Bei einem plötzlichen Biß und hochschießender Leine verfängt sich die Schnur fast mit Sicherheit, wenn schon nicht in der Rolle, so womöglich an den Füßen, Steinen usw. Dies hätte wahrscheinlich den Verlust des Fisches zur Folge. Gebremst wird mit der Hand an der Rolle oder eventuell auch an der Leine.

Fliegenrollen – Bei den Rollen ist es nicht anders wie bei den oben beschriebenen Lachsruten. Alles ist eben um ein paar Nummern größer als beim Fliegenfischen auf Forellen und Äschen. Bei der Wahl der Lachsrolle sollte der Anfänger darauf bedacht sein, daß die Rolle mindestens 120 bis 150 m Multifil-Backingschnur neben der Fliegenschnur bequem aufnehmen kann. Es wäre ein schlimmer Irrtum zu glauben, mit weniger Backing auszukommen. Es kann zwar mit kleinen Lachsen und Meerforellen hier und da gut gehen, aber beim Biß eines ganz großen, mit vielleicht nur 50 m Backing, ist der Verlust des Fisches so gut wie vorprogrammiert.

Backingschnur – Als Backing eignet sich am besten eine Dacron-Schnur. Diese hat eine gute Geschmeidigkeit und ringelt nicht. Die Stärke sollte 30 lbs nicht über- oder unterschreiten.

Schnüre – Fliegenschnüre wählen wir selbstverständlich nach der auf der Rute angegebenen AFTMA-Klasse aus. Da es sich mit diesen langen Ruten (Zweihandruten) und mit etwas Übung gut werfen läßt, sollte man doppelt verjüngte DT-Leinen bevorzugen, deren Vorteile wir ja bereits kennen.
Lachsschnüre gibt es: a) mit sinkender Spitze, b) sinkend oder schwimmend, wobei auch bei den schwimmenden Leinen die Fliege naß angeboten wird (meist in flachen Flüssen im Herbst). Auf Lachs oder Meerforelle wird nicht mit Trockenfliegen gefischt. Der Anfänger sollte, bevor er sich eine neue Lachsausrüstung anschafft, wissen, welchen Fluß er eventuell befischen möchte. Steht dies fest, kann man am besten über Fischerhotels in Erfahrung bringen, welches Gerät dort hauptsächlich verwendet wird.

Vorfächer – Im Eigenbau geknüpfte Vorfächer sind bei der Lachsfischerei nach meinen Erfahrungen abzulehnen. Knoten sind immer eine Bruchgefahr mehr. Die Vorfächer werden im Handel in den Längen zwischen 10 und 16 Fuß angeboten. Lange Vorfächer werden eigentlich nur an der schwimmenden Schnur verwendet, bei der die Lachsfliege der einzig sinkende Teil ist. In der Mörrum, wo allgemein mit Sink-Tip gefischt wird, werden Vorfächer verwendet, die knapp über 1,50 m lang sind. Kürzer ist es von der Fischereiverwaltung nicht erlaubt. Kurze Vorfächer an sinkenden Leinen, wie an der Sink-Tip haben den Sinn, die Leine im Wasser genau verfolgen zu können. So weiß der Angler immer, wo sich seine Fliege in etwa befindet. Dazu kommt noch, daß die Fliege am kurzen Vorfach nicht so leicht auftreiben kann.

Lachsfliegen – Diese den Streamern ähn-

Werfen mit Zweihand-Lachsrute: Auch hier gelten im Prinzip dieselben Tempis (Rutenstopps) wie beim Werfen mit der Einhandrute.

Phase 1: Bereit zum Rückwurf.

Phase 2: Rutenstopp 12-Uhr-Position, Leine zieht nach hinten.

Phase 3: Vorwärtswurf wird durchgeführt.

lichen Reizköder haben meist mit unseren Fliegen, wie wir sie vom Fliegenfischen auf Forellen kennen, nichts gemeinsam. Gebunden werden Lachsfliegen oft aus Federn und Tierhaaren. Bei der »Tube Fly«, einer Röhrchenfliege, die sich in den letzten Jahren immer mehr Beliebtheit erfreut, wird eine Art Lamettawicklung verwendet, um einen besonderen Reizeffekt zu erzielen. Daß Lachsfliegen reine Fantasieprodukte sind, wie manche Autoren gerne behaupten, kann man nur teilweise gelten lassen. Vielmehr sind diese, oft wunderschön anzuschauenden Fliegen, mehr das Produkt von Generationen von Anglern, die dem einen oder anderen Muster zu dem klingenden Namen verholfen haben, der den meisten Lachsanglern ein Begriff ist. Einige berühmte Lachsfliegen beim Namen genannt: »Thunder & Lightning«, »Hary Mary«, »Silver Doctor« etc. An der Mörrum z. B.: »Fighting Flash«, »Tube Fly«, »Vampyr«, »Mörrums Fly« etc.

Hakengrößen – Diese schwanken bei den Lachsfliegen sehr stark. Im Frühjahr werden oft große Fliegen bis 8 cm Länge und über die Hakengröße 1/0 hinaus, im Sommer und Herbst wesentlich kleinere, bis Hakengröße 8, verwendet. Lachsfliegen haben Einfach- oder Doppelhaken. Die »Tube Fly« (Röhrchenfliege) besitzt Drillinge. Mancherorts werden die Hakengrößen auch vorgeschrieben. Beim Kauf von Lachsfliegen sollte besonders der Neuling genau über die Art der Fliege informiert sein, mit welcher an diesem Fluß gefischt wird. (Sollten Sie an der Mörrum fischen, empfiehlt es sich, die Lachsfliegen erst an Ort und Stelle zu erwerben, der Preis dafür ist keinesfalls höher, als in einem Fischereigeschäft in Ihrer Nähe.)

Huchen

Sie sind unter den Großsalmoniden ein klein wenig die Exoten in der Fliegenfischerei. Nur selten hört man von auf Fliege gefangenen Huchen, obwohl diese Großsalmoniden genau wie andere Raubfischarten gerne Kunstköder nehmen, die ihrer Beute ähnlich sind. Die größte Problematik beim Huchenfischen mit der Fliege liegt darin, daß diese Fischart großteils nur im Winter, besonders wenn es sehr kalt ist (Kälteeinbruch, Wintergewitter), beißt. Jene Angler, die schon einmal (zum Beispiel auf Hecht) bei Minusgraden gefischt haben, kennen die Schwierigkeiten, die vereiste Rutenringe dann mit sich bringen. Nur mehr mit großer Menge Schnurfett kann dann noch einigermaßen weitergefischt werden. Anders aber bei der Fliegenschnur, bei der wir nicht mit Schnurfett arbeiten sollen. Bedingt durch den größeren Schnurdurchmesser gegenüber der Spinnfischerleine, wird weitaus mehr feines Sprühwasser an die Rutenringe geführt, was ein schnelleres Vereisen zur Folge hat. Der Flugangler ist dann ständig damit beschäftigt, die Rutenringe eisfrei zu halten, sodaß ein Weiterfischen fast unmöglich wird. Zum anderen sind auch die Bestände an Huchen in unseren Flüssen stark zurückgegangen. Daß diese immer weniger werden, ist keinesfalls die Schuld der Angler, sondern vielmehr ist es die sogenannte »Zivilisation«. Durch die oft sinnlose Flußverbauung, durch Kraftwerke und nichtsbringende Begradigungen der Flüsse wird der ausgedehnte Lebensraum (weite Laichwanderungen) dieser Großsalmoniden, unter anderem fehlen die speziellen Kiesgrößen in den Laichmulden, sehr stark einengt. In den meisten Huchenflüssen kann der Bestand nur mehr mit großen finanziellen Mitteln einigermaßen aufrecht erhalten werden.
Um einen starken Huchen zu fangen, fischen manche Angler monatelang am selben Fluß. Ständiges und systematisches Befischen der vermeintlichen Huchenstandplätze in gewissen Abständen ist dabei sehr wichtig. Der interessierte Leser kann daraus bereits erkennen, wie schwierig es ist, einen Huchen mit der Fliegenrute zu fangen, denn so ist es auch verständ-

Eine einstmals berühmte Stelle zum Huchenfischen: die Salzach. Weiter unten links mündet die Saalach ein. Leider haben sich die Zeiten geändert. Es werden aber noch immer Huchen in diesem Bereich gefangen. Bekannte Huchenflüsse sind derzeit: Drau, Inn, Lech, Mur, Pielach.

lich, warum selbst Fliegenfischer bei extremen Witterungsverhältnissen lieber zur Spinnenrute greifen. Dies soll aber unentwegt begeisterte Flugangler nicht davon abhalten, mit der Fliegenrute auf Huchenfang zu gehen. Speziell an Tagen mit wenigen Plusgraden, im November und Frühjahr, sind die Chancen mit einem guten Huchenstreamer, es werden dabei etwas größere als beim Hechtfischen verwendet, für geübte Fliegenfischer mit der Lachsrute gut.

Gerät – Wir verwenden beim Huchenfischen stärkeres Flugangelgerät, Schnurklasse 9 bis 10 aufwärts. Da fast ausschließlich vom Ufer aus gefischt wird, bedingt durch die Enge der meisten Alpenflüsse, sind kürzere Einhandruten von 10 bis 12 Fuß zu empfehlen.

Rollen – Rollen verwenden wir dieselben, wie wir sie auch beim Lachsfischen einsetzen, mit etwa 100 m Backingschnur, z. B. Dacron 30 lbs. Bedingt durch die meist sehr tief stehenden Huchen werden sinkende Leinen verwendet. Bei Wassertiefen über 5 m, z. B. in Kurven oder an Weeren, kann auch der Schußkopf zum Einsatz kommen.

Vorfach – Das Vorfach an den sinkenden Leinen sollte eine Länge von 2 m nicht überschreiten, um starkes Auftreiben des Streamers durch teilweise starke Strömung zu verhindern. Vorfachspitze mindestens 0,45 bis 0,50 mm. Die üblichen, im Handel angebotenen Stahlvorfächer sind nicht sehr zu empfehlen. Wie auch teilweise beim Hechtfischen, sollte entweder Stahldraht oder ein 0,70 mm starkes, etwa 25 cm langes Stück monofiler Schnur angeknüpft werden. Da Huchen beim Biß meist voll fassen, könnte ein zu dünnes, monofiles Vorfach von den Zähnen des Fisches durchgescheuert werden.

Streamer – Beim Huchenfischen werden relativ große Streamer verwendet, welche bei dieser Fischart doch mehr ein Fischchen imitieren sollten. Die Streamer können ohne weiteres eine Länge von 15 cm besitzen, sollten aber mindestens 8 cm erreichen. Die »Tube-Fly« z. B. mit extra großen und starken Lachsdrillingen, eignet sich ausgezeichnet zum Huchenfischen. Ideal für Huchenstreamer sind die Farben Rot, Schwarz, Weiß und Grau. »Flashabou«-Materialien, bekannt durch ihren starken Glanzeffekt, geben eine starke Reizwirkung ab.

Schleppen mit der Fliegenrute auf Salmoniden

Sicherlich hat diese Art des Fischens wenig gemeinsam mit dem Fliegenfischen im klassischen Sinne. Allerdings sind auch zum Schleppen mit der Flugangel Grundkenntnisse nötig. Was das Können mit der Fliegenrute betrifft, so muß man beim Schleppen mit der Flugangel kein großer Wurfkünstler sein, aber um im Boot kein heilloses Durcheinander mit Fliegenschnur und Vorfach zu haben, ist ein bescheidenes Beherrschen des Gerätes notwendig.

Werfen und Schleppen

Wir wissen, daß gutes Werfen mit der Fliegenrute nicht nur beim Auslegen der Leine zu Beginn des Schleppens, sondern auch wenn die Fische im See »steigen« und wir vom Boot aus die Ringe gezielt anwerfen, von Vorteil ist. Beim Schleppen selbst würde es genügen, daß der Angler in der Lage ist, an die 10 m Flugleine über das Bootsende hinaus einigermaßen gerade aufzulegen, um ein Verwickeln von Fliegen oder Nymphen (speziell beim Fischen mit Springer) mit der Schnur zu vermeiden.
In der Regel wird mit etwa 20 m Flugschnur geschleppt. Nach dem Auswurf (10 bis 15 m) ergänzt man die restliche Schnur während des Absinkens des Kunstköders und den ersten Ruderschlägen, um die angegebene Leinenlänge zu erreichen. Mit kürzerer Schnur zu schleppen hat wenig Sinn, da die Salmoniden durch die Nähe des Bootes beunruhigt werden. Bei noch größeren Schnurlängen im Schlepp häufen sich dagegen die Fehlbisse, da Bisse an der Rutenspitze schwerer zu erkennen sind. Während des Ruderns, die Leine ist bereits ausgelegt, sollte die Rute in einem Winkel von etwa 30° über das Bootsende hinausragen, wobei man Griff und Rolle am besten mit dem Fuß am Bootsboden andrückt. Ganz wichtig ist dabei eine weiche Unterlage unter das Gerät zu legen, um den empfindlichen Handteil der Rute zu schützen, bzw. die Mechanik der Fliegenrolle nicht zu beschädigen. Entlang der Scharkante im See, bei mittlerer Wassertiefe (2 bis 5 m) und langsamer Bootsfahrt, kommen wir mit einer normalen sinkenden Schnur aus.

Schleppen auf Seesaiblinge – Beim Schleppen auf Seesaiblinge sind uns durch die Wassertiefen, in denen sich diese Salmoniden die meiste Zeit im Jahr aufhalten (20 bis 80 m), Grenzen gesetzt. Einigermaßen erfolgreich ist das Schleppen mit »fast sinking« Schußkopf im späten Frühjahr möglich, wenn sich die Saiblinge in Wassertiefen zwischen 10 bis 20 m aufhalten. Wir befischen die Saiblinge in diesen Tiefen mit Vorfachlängen nicht über 1,50 m (um jeglichen Auftrieb zu vermeiden) und sehr feindrähtigen Nymphen (Hakengröße 16 bis 14), wie sie im Handel als Renken-(Felchen)-Nymphen (Walchenseesystem) angeboten werden. Noch tiefer als 10 bis 20 m zu Schleppen ist nicht sinnvoll, da, wenn überhaupt, die wenigen Bisse meist auf Grund der zu großen Schnurlänge im Wasser durch schlechtes Erkennen übersehen werden.

Grundbeobachtungen und fängige Stellen im See – An Seen, an denen uns die fängigen Stellen noch nicht bekannt sind, sollten wir uns daran erinnern, daß Salmoniden sich möglichst in der Nähe von Deckungen (Unterständen) aufhalten. Nach dem Ablegen mit dem Boot rudern wir zur sogenannten Scharkante (Abbruch) und an dieser erstmal entlang. Speziell diese Scharkante wird von größeren Forellen als Standplatz bevorzugt. Dies ist nicht ver-

Verfasser beim Schleppen entlang der Abbrüche am Hintersee, Berchtesgaden.

wunderlich, denn bei den abrupten Übergängen vom seichten ins tiefe Wasser, wird durch plötzliches Hervorschießen des Fisches gute Beute gemacht. Anschließend suchen wir markante Stellen, z. B. versunkene Bäume, Seegras usw., und überrudern diese mehrmals. Bacheinmündungen (vielfältiges Nahrungsangebot) sollten besonders intensiv befischt werden, da dies ebenso bevorzugte Standplätze der Salmoniden sind. An diesen Stellen kann der Angler mit zahlreichen Bissen rechnen.

Erfahrungen – Als sehr erfolgreiche Methode beim Schleppen hat sich unregelmäßiges Rudern und die damit verbundene schlangenartige Bewegung des Bootes bewährt. Durch dieses Rudern erhält die geschleppte Fliege zusätzlich Bewegung, so reagiert z. B. eine Forelle auf die vermeintlich fliehende Beute positiv.

Gerät – Speziell zum Schleppen konstruierte Fliegenruten gibt es meines Wissens nicht. Auf Grund der härteren Beanspruchung des Gerätes beim Schleppen, sowie auch der in Aussicht stehenden größeren Salmoniden in Seen, sollte man nur Fliegenruten der Klasse 5/6 und aufwärts verwenden.

Rollen und Schnüre – Automatische Rollen sollten wegen des geringeren Fassungsvermögens und Begrenzung der Federn nicht verwendet werden. Mit den herkömmlichen Fliegenrollen, die groß genug sein sollten um zusätzlich Monofil-Schnur (Backline) zu fassen, sind wir besser bedient. Der Handel bietet spezielle Backlines an. Man kann sich aber mit einer guten 0,30 bis 0,35 mm Monofil-Schnur ebenso behelfen. Es sollten aber mindestens 20 bis 30 m Backline verwendet werden, um auf eine Gesamtschnurlänge von ca. 50 m zu kommen. Beim Schleppen nehmen wir die auf die Rute abgestimmte Schnur, wie beim herkömmlichen Fliegenfischen.

Vorfächer – In den verschiedenen Tiefen des Sees schleppen wir in der Regel mit Vorfächern, wie sie im Handel erhältlich sind (etwa 2,50 m). Diese 2,50 m langen Vorfächer verlängern wir hauptsächlich dann durch einen angeknüpften Teil (0,50 m), wenn wir in den Uferzonen schleppen und nicht gleich von der trockenen Fliegenschnur auf die sinkende Schnur übergehen wollen. Fischen wir in Wassertiefen über 3 m, verwenden wir bei sinkenden Schnüren kürzere Vorfächer (etwa 2 m), um ein Auftreiben des Kunstköders (Streamer, Nymphe, Naßfliege) zu verhindern. Hier sei noch erwähnt, daß viele Fliegenfischer im seichten Uferwasser gerne mit der Trockenschnur schleppen, um beim plötzlichen Einsetzen einer Schlüpfperiode der Eintagsfliege rasch von Naß- auf Trockenfliege übergehen zu können.

Kunstköder – Beim Schleppen verwenden wir im Prinzip dieselben Fliegen, Nymphen und Streamer, wie wir sie auch beim herkömmlichen Fliegenfischen verwenden. Trockenfliegen werden nicht geschleppt. Bei der Eiablage der Insekten im bewegten Wasser des Sees (Wind) werden allerdings auch leicht eingesunkene Naßfliegen an der schwimmenden Schnur geschleppt.

Wassertiefe	Fliegenschnur	Vorfach	Kunstköder
bis 3 m	trocken (floating)	bis 3 m	Trockenfliege,
	Sink Tip	ca. 2 m	eingesunkene Fliege, Naßfliege, Nymphen, leichte Streamer
von 3–5 m	Sink Tip	bis 2 m	leichte Nymphen,
	sinkende	ca. 2 m	Naßfliegen, schwere Nymphen, Streamer
von 5–10 m und darüber	Shooting Head (Schußkopf)		überschwere Nymphen, Streamer
	schnell sinkende (fast sinking)	ca. 1,5–2 m	*Schwere, wie übergroße Streamer oder Hegene Nymphen (Walchensee-System)

* Betrifft nicht unbedingt Saiblinge oder Renken.

Fliegenfischen an Bergseen und Talsperren

Juwelen in den Alpen, – auch so könnte man die Bergseen benennen. Natürlich sprechen wir dabei nicht von den großen, mit Touristen übervölkerten Seen, die allerdings auch gute Möglichkeiten zum Fliegenfischen bieten. Nein, bei Bergseen denke ich immer an die versteckten stillen Gewässer, die oft in über 1000 m Höhe liegen und eingerahmt sind mit Bergen, die 2000 m und teils noch höher sind. Diese schön gelegenen und nicht allzu überlaufenden Bergseen gibt es noch. Man muß in den verschiedenen jahreszeitlichen Stimmungen an so einem kleinen See gefischt haben, um wirkliches Fliegenfischen an so einem Stillgewässer mit all seinen Reizen erlebt zu haben.

Freilich auch die Talsperren, die immer mehr werden, bieten (oft hervorragende Besatzmaßnahmen) gutes Fliegenfischen. Doch leider mußte dafür auch manches Tal, das einmal ein Bach in lieblichen Meandern durchfloß, daran glauben. Wir wollen dies nicht weiter vertiefen. Die Talsperren sind da, es liegt an uns, das Beste daraus zu machen.

Beim Fliegenfischen an Bergseen werden an den Fliegenfischer meiner Meinung nach wesentlich größere Anforderungen gestellt, als dies bei Fließgewässern der Fall ist. Bei Fließgewässern stehen die Fische, bedingt durch die Strömung mit Ausnahme der Kehrwasser, immer mit dem Kopf flußaufwärts, bei Bergseen und Talsperren kann man beschriebene Gegebenheiten nicht anwenden. Es gibt hier nicht standorttreue Regenbogenforellen, sowie Bachforellen, wo einzelne in den See hinaus, andere in Richtung Ufer (auf dem Grund) stehen. Dies hat unter anderem oft mit den am Boden austretenden Quellen zu tun, sowie mit Strömungen am Seegrund. Ungünstig zum Fischen kommt noch hinzu, daß die Fische genügend Zeit haben, eine vermeintliche Beute (Insekt) wesentlich länger betrachten zu können, da es im See kaum Strömungen gibt, mit Ausnahme der Bacheinmündungen. Genau das ist beim Anbieten von Trockenfliegen das Hauptproblem – außer bei Bacheinmündungen –, an den oft so glasklaren Bergseen. An windstillen Tagen, bei strahlendem Sonnenschein ist eine Niederlage für unerfahrene Fliegenfischer dann so gut wie vorprogrammiert.

Der Flugangler muß sich einiges einfallen lassen, wenn die Salmoniden »um nichts in der Welt mehr steigen« und auch mit ausgezeichneten Fliegenimitationen nicht nach oben zu locken sind. Man kann dann z. B. auf feinste Nymphen, die mit sinkender Schnur gefischt werden umsteigen, um nur eine Möglichkeit aufzuzeigen. Diese werden sehr knapp über dem Grund angeboten und sind somit auch meist erfolgreich.

Weniger problematisch ist es im Frühjahr und im Herbst. In diesen Zeitabschnitten schlüpfen sehr viele Arten von Eintagsfliegen, so daß das Nahrungsangebot in dieser Zeit auch tagsüber am Wasser gut ist. Durch die reichliche Flugnahrung steigen die Fische wesentlich unbekümmerter, also nicht so vorsichtig, wie dies im Sommer der Fall ist.

In den Bacheinmündungen ist das Fischen durch die Strömung in den See und durch die Fische, die in Richtung Einmündung stehen, noch am einfachsten. Wenn man mit einem Boot am See vor Anker liegt und die Fische von hinten anwirft, hat man gute Erfolgschancen. Außerdem ist es überhaupt vorteilhafter vom Boot aus zu werfen (trocken wie naß), da man nach allen Seiten genügend Freiraum hat. Wo es erlaubt ist, können wir auch auf Salmoniden z. B. mit Nymphen schleppen (siehe ›Schleppen auf Salmoniden‹ Seite 96). Wir aber

Besonders bei ruhigem, sonnigem Wetter ist gutes und weites Werfen an Bergseen wichtig.

wollen uns hier mit dem klassischen Fliegenfischen auf Salmoniden in Stillgewässer beschäftigen.
Um in den klaren Bergseen an sonnigen und windstillen Tagen im Sommer, bei nur schwachem Schlüpfen von Eintagsfliegen einigermaßen erfolgreich zu fangen, ist Können notwendig. Grundlegend wichtige Punkte beim Anbieten der Fliege sind zu beachten: Beste Fangplätze sind die Abbrüche im See, Bacheinmündungen, Erhebungen am Seegrund, wenn dieser nicht zu tief ist (10 bis 15 m), versunkene Bäume usw. Diese Plätze auszumachen und mit System zu befischen ist erfolgversprechend. Das gilt hauptsächlich für das Naßfischen, wo wir die Salmoniden nicht so leicht sehen, da sich diese in Grundnähe aufhalten. Halten sich z. B. Forellen in der Nähe der Oberfläche auf oder nehmen von der Wasseroberfläche Flugnahrung, können wir die Salmoniden durch die von ihnen verursachten Ringe leichter sehen. Zu Beginn des Fliegenfischens vom Boot aus sollten wir daher auf jeden Fall markante Plätze aufsuchen.
Wir nehmen an, daß einige gute Forellen entlang eines Abbruches steigen. Die Wassertiefe beträgt vom Ufer weg bis zum Abbruch im See etwa 1 m, entlang des Abbruches (Scharkante), wie am Abbruch selbst, etwa 2 bis 3 m. In diesem Bereich kann der Flugangler bei einem Steigen der Forellen mit den stärksten Salmoniden rechnen, soweit man dies verallgemeinern kann. Wenn jetzt vom Boot aus die steigenden Fische im See angeworfen werden sollen, gibt es zwei Möglichkeiten:

Werfen vom ankernden Boot aus

Man ankert in der Nähe der Scharkante und zwar im tieferen Wasser. Dabei hält man eine Entfernung von etwa 10 m zu der

Wesentlich leichter ist das Anwerfen steigender Fische bei leichtem Wind (kleine Wellen).

»Hauptgruppe« der Salmoniden ein. Diese sind durch mehrere Ringe in einem »Stück« ersichtlich. Durch das im tieferen Wasser verankerte Boot, sind die Fische bei weitem nicht so beunruhigt, als wenn wir dieses im seichten Wasser vor Anker legen. Bei nun folgendem gezielten Werfen auf die steigenden Salmoniden steht man im Boot dabei auf. Darauf achten, daß sich auf dem Bootsboden nichts befindet, nicht daß wir anstatt eines weiteren Anwerfens mit dem Entwirren der Leine uns beschäftigen müssen.

Am Rande noch etwas zu **Polaroidbrillen,** die beim Angeln am See sehr vorteilhaft sind. Wenn eine leichte Brise die Seeoberfläche zu unserem Vorteil ein wenig kräuselt (das Vorfach ist dann für Salmoniden nicht mehr leicht auszumachen), kann man, wenn wir im Boot aufrecht stehen, ohne dieser Brille kaum etwas erkennen (Spiegelungen); ob es sich z. B. bei den einzelnen Ringen um größere Fische handelt oder nur um eine kleine untermaßige Forelle, die einmal kräftig platschte. Durch die entspiegelnde Wirkung kann man die Umrisse des steigenden Fisches selbst in 10 m Entfernung im See erkennen und es läßt sich so ein Anwerfen besser einschätzen.

Wir sollten auch, wo immer es geht, das gilt auch für Fließgewässer, versuchen, die Sonne vor uns zu haben. Einmal werfen wir dadurch selbst keinen Schatten nach vorne. Wichtiger ist aber, daß anderseits kein Schatten von der sich auf das Wasser senkenden Fliegenschnur kommt. Wenn nämlich die Sonne noch dazu schräg in unserem Rücken steht, wirft die Flugleine auch während der leeren Luftwürfe einen Schatten, der sich mehrere Meter nach vorne verlängern kann. Dies bemerken die Fische mit Sicherheit und die später nach dem Aufsetzen der Fliege so vergrämten Fische sind nur mehr schwer zum Steigen zu bewegen.

Anwerfen steigender Fische vom Boot aus

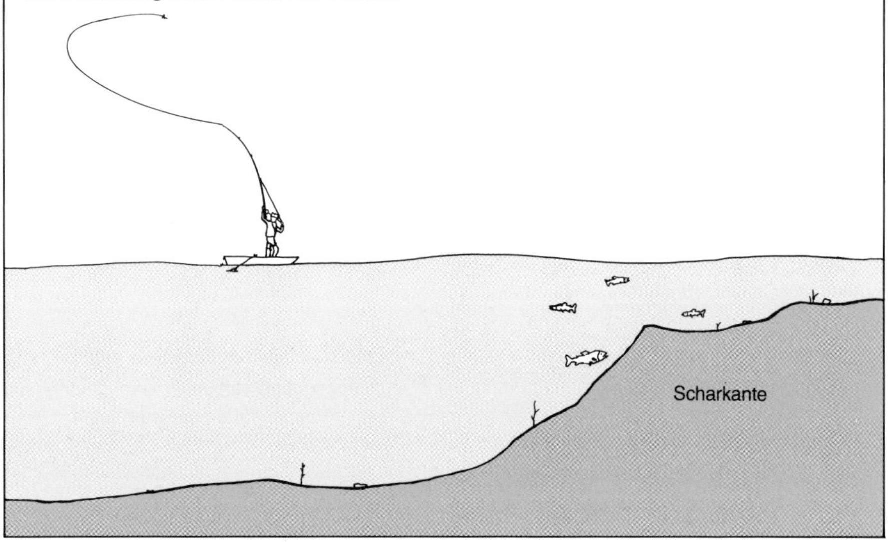

Kleine Forellen sollten überworfen werden (den Ringen keine Beachtung schenken), da anders als in Fließgewässern die Fische auch seitlich sehen können (keine Strömung), was z. B. mit einer gehakten Forelle passiert und so gewarnt sind.
Wir konzentrieren uns, um erfolgreich große Fische in Stillgewässer zu fangen, nur auf wirklich erfolgversprechende Ringe im See und versuchen den Umriß des dort steigenden Fisches dabei zu erkennen. Wurde über längere Zeit kein Fisch mehr gehakt, rudern wir an einen anderen Platz und gehen dort vor Anker. An nur einer Stelle zu bleiben, weil man hier gerade eine gute Forelle gefangen hat, ist in der Regel ein großer Irrtum. Meist sind die Forellen vergrämt. Dabei sind es immer die großen, die als erste das Steigen einstellen. Platzwechsel ist dann die einzig wirksame Methode. Grundlegend ist dabei, sich für immer zu merken, daß die Zeiträume intensivsten Steigens selten lange andauern. Wenn also alles, was Flossen hat, um es einmal übertrieben zu formulieren nach oben kommt, auch die stärksten Forellen, sind gute Erfolge möglich. In diesen genannten Hauptsteigzeiten muß der Flugangler möglichst viele Ringe anwerfen. Sich dabei an Plätzen mit vergrämten Fischen zu bemühen, ist nicht vorteilhaft.

Werfen vom treibenden Boot aus

Dies ist eine andere Möglichkeit, aus dem dahintreibenden Boot Fische anzuwerfen. Es erfordert viel Übung und ist bei weitem nicht so einfach, wie dies vom verankerten Boot aus der Fall ist. In Seen, in denen viel Bootsverkehr herrscht, ist diese Technik, bei der wir uns aufrecht im Boot stehend treiben lassen und so die Fische anwerfen, die wohl beste Methode. Auch kapitalste Forellen lassen sich so überlisten. In der Nähe des dahintreibenden Bootes sind die Fische weit nicht so vorsichtig, wie bei einem verankerten Boot, da es sich dabei ja um ein Ausflugsboot handeln kann. (Salmoniden haben in nächster Nähe von geankerten Booten bald eine mögliche Gefahrenquelle erkannt; man merkt das am immer zaghafter werdenden Steigen trotz richtiger Fliege.) Bei extremen Wind hat die Methode, sich mit dem Boot treiben zu lassen, wenig Sinn. Optimale Voraussetzung vom treibenden Boot aus zu fischen ist, wenn eine leichte Brise herrscht und dadurch sich die Wasseroberfläche leicht kräuselt. Wir stoppen am See in etwa 25 m Entfernung vor dem vermeintlichen Ziel, zu dem wir uns treiben lassen. Grundvoraussetzung ist natürlich, daß die Strömung dorthin geht (Wind). Wir legen dann die Ruder seitlich an, stehen im Boot auf und beginnen langsam Leerwürfe (Luftwürfe), zu machen. Sind wir auf etwa 15 m an einem Ring, der eine starke Forelle vermuten läßt, herangetrieben, bringen wir auf diese Entfernung einen ersten Wurf an. Sollte nun die Fliege von dem Fisch, der angeworfen wurde, genommen werden, versuchen wir, diesen aus dem Bereich der anderen steigenden Fische herauszudrillen. Da wir dabei noch nicht allzu weit zu den steigenden Fischen herangetrieben wurden, rudern wir, nach Landen unseres Fisches, wieder ein Stück zurück und lassen uns erneut auf die steigenden Fische zutreiben. Haben wir den einen oder anderen guten Fang machen können und sind dabei über die steigenden Fische öfter hinweggetrieben, wenden wir uns einer neuen Stelle zu, der wir uns rutenwerfend, mit treibendem Boot nähern. Auch ist unter anderem anzunehmen, daß die Fische an vorher beschriebener Stelle bereits vergrämt sind.

Watfischen in Seen und Talsperren

Sollte in Talsperren oder Seen, z. B. watend entlang Abbrüchen im See, gefischt werden, ist die Wathose so gut wie unentbehrlich. Der Seeboden ist oft außerordentlich tückisch. Auch sehen wir, durch den beim Waten vom Boden aufgewirbelten Seeschlamm, in Kürze kaum mehr unsere eigenen Füße und so kann es passie-

Unentbehrlich gegen Kälte und Fischen im tiefen Wasser ist die Neoprenwathose.

Beim Waten, wie auch am Ufer entlang fischend, kann manch gute Forelle gehakt werden. Gerade aber da muß der Angler Rücksicht darauf nehmen, daß er nicht höher steht und von den Fischen leichter gesehen wird, als im Wasser watend. Also werfen wir von weiter hinten die Fische an.

ren, daß, wenn der Fliegenfischer nur Watstiefel trägt, schon beim nächsten Schritt nasse Füße oder sogar ein Bad fällig sein können. Wir wenden dabei die auch beim Fischem vom treibenden oder ankernden Boot aus angewandte Wurftechnik an.

Wir wissen, daß es besonders schwierig ist, an klaren ruhigen Gewässern zu fischen, da die Fische hier genügend Zeit haben, alles genau zu erkennen. Das gilt natürlich auch für unser Vorfach, das niemals eingefettet oder zu dick sein darf. Dies ist leider bei der Stillwasserfischerei ein Nachteil. Hier müssen wir auf dünnstes Vorfach zurückgreifen. Bei etwas leichtem Wind können wir beim Trockenfischen unter Umständen steigende Forellen mit Vorfächern der Spitzenstärke 0,16 mm anwerfen. Bei spiegelglatter Wasseroberfläche und Sonnenschein ist an klaren Seen selbst ein 0,14 mm Vorfach schon als stark anzusehen. Nur Könner aber sollten ein Vorfach der Stärke 0,12 mm verwenden, da schon bei einer nur 0,14 mm Vorfachspitzenstärke ein »Abknallen« (Abschlagen) beim Anschlag leicht passiert.

Mit der Wahl unserer Fliegen orientieren wir uns an dem jahreszeitlichen Insektenangebot und gleichen uns diesem an.

Besonderes Glück hatte dieser Angler, der in dem äußerst klaren Wasser fischte und bald diese kapitale Regenbogenforelle (etwa 1 kg) fing.

Anhieb, Drill, Landen

Beim Naßfischen ist das berühmte Thema, den Anhieb richtig zu setzen, bei weitem nicht so problematisch, wie beim Fischen mit der trockenen Fliege. Bei der Naßfischerei ist der Biß durch wegziehende oder zuckende Leinen (Schnur) oft gut ersichtlich und der Anhieb kann daraufhin gesetzt werden. Fischt der Angler flußabwärts, die Leine ist dann leicht gespannt, spürt der Angler den Ruck in der Schnur, wenn ein Fisch z. B. die Nymphe nimmt, ein leichter Gegenschlag ist die Folge. Dieser muß wohl dosiert sein, er darf nicht zu »hart« kommen, damit man den Kunstköder nicht im Fischmaul abreißt (abknallt). Auch nicht zu »weich« darf er erfolgen, sonst haken die Fliegen, Nymphen usw. nicht. Dies gilt

Wichtig ist die aufrechte Rutenhaltung beim Drill großer Fische. So können am besten Schläge abgefangen werden.

besonders für das Trockenfischen, bei dem, wie wir wissen, mit noch dünneren Vorfächern gefischt wird, als z. B. beim Naßfischen.

Beim Trockenfischen ist es wahrhaft nicht einfach den richtigen Zeitpunkt, wenn der Fisch die Fliege genommen hat zu finden, um den Anhieb richtig zu setzen. Der Anhieb darf weder zu früh noch zu spät gesetzt werden. Dazu kommt noch, daß der Fischer ein gesundes Mittelmaß finden muß, wieviel Kraft er für ein sicheres Haken des Fisches beim Anschlag aufwenden muß, ohne daß dieser verloren geht. Mit der hier so oft beschriebenen 8 ft Allroundrute für Schnurklasse 5 bis 6 ist es bei weitem nicht so schwer, den Anhieb durchzuführen, als dies mit einer Kurzrute z. B. der Fall ist. Da die von mir empfohlenen Allroundruten, selbst in der angegebenen Länge von 8 ft, schon relativ elastisch sind. Ein Abknallen des Vorfaches ist auch bei einem gehakten Fisch nicht so leicht möglich, wie mit einer 1,80 m Rute, die »beinhart« ist.

Oft wurde ich von Fliegenfischern, die bei mir das Fliegenfischen lernten gefragt, wann am besten der Anschlag zu setzen ist. Hier kann ich zwar eine bescheidene Hilfestellung geben, aber doch eher hilflos muß ich sagen, daß ab der vom Fisch genommenen Fliege es Gefühlssache des Fischers ist, wann der richtige Augenblick da ist, einen kurzen harten Schlag durchzuführen, also den Anhieb zu setzen. Fische kommen zum Nehmen der Fliege, unterschiedlich schnell zur Oberfläche, sodaß hier der Angler rasch reagieren muß. Es bleibt ihm oft nur eine Sekunde Zeit, in welcher der Anhieb erfolgen muß. Kommt der Anhieb zu früh, hakt die Fliege schlecht. Der Fisch geht unter Umständen verloren; oder die Fliege hakt gar nicht (zu früher Anschlag).

Äsche vor dem Anlanden.

Wenn der Fisch nicht gehakt wurde, ist mitunter wenigstens noch eine zweite Chance möglich, den Fisch noch einmal auf die Fliege hoch zu bekommen (steigen). Wartet man mit dem Anschlag zu lange, kann es sein, daß die Fliege bereits vom Fisch »ausgespuckt« wurde oder sie hakt gerade noch. Auch kann es passieren, daß der Fisch verloren geht. In ruhig strömenden Flüssen wie Bergseen kommen die Fische oft im Zeitlupentempo zu der, auf der Wasseroberfläche befindlichen, Fliege hoch. Zumindest erscheint es so dem Angler, wenn es ihm wie eine Ewigkeit vorkommt, bis der Fisch direkt bei seiner Fliege ist. Häufigster Fehler ist dann, daß die Fliege gerade vor dem nehmenden Fisch weggezogen wird. Mein einziger Hinweis, den ich dazu geben kann ist der, sich zu konzentrieren und Ruhe zu bewahren. Nach einem oder auch mehreren Anschlagfehlern sollte man sich nicht irritieren lassen, sondern mit System weiterfischen, bis es klappt.

Bezüglich des Drills mit feinsten Vorfächern, soll hier eine kleine Ergänzung folgen. Besonders im Spätherbst haben unsere Salmonidenflüsse oft Niedrigwasser. Dieses Wasser ist leider zum Nachteil der Angler sehr klar (gute Sicht der Fische) und so sind wir auf dünnste Vorfächer angewiesen – Vorfachspitzenstärke 0,14 mm, unter Umständen sogar 0,12 mm. Daß hier der Anschlag mit viel Gefühl gesetzt werden muß, ist wohl nicht in Frage zu stellen. Gerade aber im Herbst bei Niedrigwasser steigen mitunter die größten Forellen und Äschen im Jahr, da diese oft im trüben und tieferen Wasser der Flüsse über den Sommer oft so gut wie gar nicht gestiegen sind, weil das Angebot an Nahrung im Fluß selbst sehr gut war. Diese großen kapitalen Äschen und Forellen an dünnsten Vorfächern und kleinsten Fliegen auszudrillen, erfordert Geduld, Ausdauer und Fingerspitzengefühl. Darum darf nach dem Haken einer z. B. kapitalen Äsche oder Forelle auf keinen Fall der Drill unnötig forciert werden. Die Rute darf nicht, wie ich es schon so oft am Wasser gesehen habe, gesenkt werden. So einfach das klingt, so schwierig scheint es besonders für die Anfänger im Fliegenfischen zu sein, die Rute steif nach oben während des Drills aufzurichten. Denn nur so können wir die Schläge des gehakten Fisches am besten abfangen. Außerdem hilft uns die Elastizität des Gerätes nicht nur die Schläge des gehakten Fisches zu dämpfen, sondern auch ein rasches Ermüden des Fisches ist die Folge.

Vor dem Landen des Fisches immer aufpassen. Gerade dabei sammeln die Salmoniden noch einmal alle Kräfte zu einem letzten Versuch, sich aus ihrer fatalen Situation zu befreien. Ist der Fisch soweit ermüdet, daß er gelandet werden kann, wandert die Rute, mit dem Arm immer steiler und gestreckter werdend, nach oben. Der ermüdete Fisch kommt dann sozusagen nun von selbst zu dem sich mit dem Kescher bückenden Angler entgegen. Dieser geht mit dem Unterfangkescher leicht ins Wasser, der Fisch gleitet dann darüber in das Netz.

Ich hatte schon erwähnt, daß viele Fliegenfischer die Fische lieber mit der nassen Hand, wenn diese abgedrillt sind, nehmen. Das sollte aber nur dann getan werden, wenn man dazu die nötige Erfahrung besitzt.

Schneewasser und Urlaubsplanung

Schon der bekannte Fliegenfischer Charles Ritz schwärmte von der Traun und Bächen im Salzburgerland, wie auch von anderen Flüssen der Alpen. Berühmte Rutenbauer, wie Brunner oder der Altlehrmeister im Fliegenfischen Hans Gebetsroither, leben im Alpenraum. Irgendwo haben alle Flugangler, die sich in der Fliegenfischerei einen Namen gemacht haben oder durch Rutenbau, berühmte Fliegenmuster oder sonstiges bekannt geworden sind, mit dem Alpenraum direkt oder indirekt zu tun. Die Gewässer sind im Alpenraum von Tal zu Tal, von Bach zu Bach nur allzu verschieden. Selbst Bäche oder Flüsse in ein und demselben Tal sind oft durch ihre Höhenla-

Dieses Foto gibt uns einen Eindruck vom Erlebnis »Fliegenfischen« wider.

ge oder Gesteinsarten so verschieden, daß unterschiedliche Fliegen eingesetzt werden müssen. Daher werden hier so hohe Anforderungen an den Fliegenfischer gestellt.
Das alles erweitert natürlich das Wissen und die Fliegenfischer, die zu dem Neuerlernten ihren Ideenreichtum auch noch umsetzen können, entwickeln dann daraus neue Fliegen, Ruten und anderes, was mitunter nächste Fliegenfischergenerationen prägt. Es ist von Jahr zu Jahr, von Saison zu Saison dasselbe, wenn die vielen Flüsse, Bäche und Seen der Gebirge Fliegenfischer aus vielen Ländern magisch anziehen. Man trifft wahre Könner mit der Flugangel, doch was das Gros der Fliegenfischer betrifft, die in den kristallklaren Wassern mancher Flüsse ihre Fliege präsentieren, sind es doch eher gute Durchschnittsfliegenfischer.
Um gleich beim kristallklaren Wasser zu bleiben: Selten kann man ein klares Wasser im Frühjahr vorfinden. Oft kann es passieren, daß dort, wo vor einer Woche noch ein klarer Bach dahinplätscherte, sich in

Diese superklaren Gebirgsflüsse (Foto links und rechts) können sich zur Zeit der Schneeschmelze in sintflutartig dahinwälzende Ströme verwandeln. Noch ist der Gebirgsfluß klar. Doch auch hier bei der Urlaubsplanung an Schneewasser und andere Witterungseinflüsse denken und diese weitgehend berücksichtigen.

kürzester Zeit, durch die beginnende Schneeschmelze, eine braune Brühe dahinwälzt. Besonders die vielen Urlaubsfliegenfischer können durch das plötzliche Schneewasser eine arge Enttäuschung erleben. Bei starkem Schneewasser und den damit verbundenen rapide fallenden Wassertemperaturen (4° bis 5°) kommt noch eine starke Trübung durch das steigende Wasser und durch das mitgeschwemmte Erdreich hinzu, sodaß man auch mit Streamern keinen Biß mehr bekommt. Der Angler fischt im wahrsten Sinne des Wortes im »Trüben«. Man glaubt, es gäbe keinen Fisch mehr und die Fische sind durch die plötzlich abfallenden Wassertemperaturen wie gelähmt und rühren keine Nahrung an. Sie schalten in ihren Körperfunktionen vollkommen zurück.
Während dieser Zeit haben die alten Hasen mit der Flugangel, wenn sie diese milchig, grau-braune Brühe vorfinden (die auch auf Sommergewitter zurückzuführen ist), ein Ausweichgewässer auf ihrem Plan. Wie soll sich hier ein Anfänger oder der Flugangler, der nur gelegentlich mit der Fliege fischt, zurechtkommen? Wir alle kennen den Satz mit dem »Lehrgeld bezahlen«. Dies wäre mit einem vollkommen verpatzten Urlaub wahrscheinlich noch hoch gerechnet. Den Problemen mit Schneewassereinbrüchen und anderen Naturereignissen, wie trübes Wasser durch Gewitter, kann bei guter Urlaubsplanung teilweise ausgewichen werden. Soll der Urlaub mit Fischen im Frühjahr stattfinden, so tut der Fischer gut daran, sich eine Landkarte, in der alle Gewässer dieser Gegend eingezeichnet sind, zu beschaffen. Aber nicht nur im Frühjahr bei möglichen Schneewassern ist eine solche Karte von Vorteil, sondern auch für den Rest des Jahres, wenn es wieder einmal in diesen Landstrich gehen soll, den dieses Gewässer durchzieht. Wie eine solche Urlaubsplanung mit Ausweichmöglichkeiten aussehen könnte, soll hier anhand eines angenommenen Urlaubs im Mai an der Saalach aufgezeigt werden.

Die Saalach ist ein sehr langer Fluß mit einem langen Einzugsgebiet und im Frühjahr durch die hohen Berge (bis 3000 m) leider sehr schneewasseranfällig. Im Sommer ist dieser Fluß sehr gewitteranfällig, weil er sich an der Alpennordseite befindet. Angenommen der Flugangler befischt die Saalach in der Nähe von Lofer. Solange es im Mai im Hochgebirge kalt genug ist (Kälteeinbrüche, 0° Grenze in 2000 m zumindest in der Nacht) ist mit Schneewasser beim Fischen noch nicht zu rechnen. Plötzlich auftretender Föhn, wenn dieser über ein oder zwei Tage weht, würde den Fluß in den kommenden Tagen enorm ansteigen lassen und in die bereits beschriebene Brühe verwandeln. Nun gibt es aber im nahen Bereich der Saalach bei Lofer auch noch die Loferer Aache, ein Ausfluß des Pillersees. Diese trübt, wie die meisten Seenausflüsse, nicht ein, da das zufließende Wasser sich erst im See »absetzt«, bevor es in diesen Ausfluß gelangt. Der Flugangler weicht in diesem Falle in die Loferer Aache aus oder in den Pillersee selbst. So gesehen ist noch einiges vom Fischerurlaub gerettet und dies trotz des verpatzten Fliegenfischens an der Saalach. Durch die vorher miteinkalkulierten Ausweichmöglichkeiten zum Fliegenfischen ist somit nicht alles verloren.

Urlaubsangebote in Fischereizeitungen

Werbungen haben, wie wir alle wissen die Eigenart, das Angebotene im besten Licht erscheinen zu lassen. Das ist auch bei Anzeigen von Fischereihotels und deren Gewässer nicht anders. Wir, die dort buchen, haben in der Regel nur ein Hauptziel vor Augen. Natürlich ist es auch von Vorteil, wenn die Hotels gut sind, doch wenn das Gewässer nichts taugt, die Bestände mittelmäßig sind und der Bach oder Fluß so verwachsen ist, da nützt dann auch das beste Hotel nichts mehr. Darum sollte man bei diesbezüglichen Anzeigen in Fischereizeitungen sehr kritisch sein.
Da steht oft in Anzeigen zu lesen: »25 km hauseigene Strecke«. Bei diesen 25 km

Aufwärtsfischen in Gebirgsbächen gehört schon zur »Hohen Schule« des Fliegenfischens.

kann es sein und das kommt nicht selten vor, daß es sich um einen 5 bis 10 km langen Bach handeln, der an der breitesten Stelle höchstens 5 m mißt. Ein großer Teil dieses Baches ist dann oft noch verwachsen. Der Rest der 25 km sind kleine Gerinne von 1 bis 2 m Breite.
Ein gutes Gewässer für Flugangler mißt an breiteren Stellen mindestens 10 m, auch sollten sich große Teilstücke darin befinden, in denen der Fliegenfischer ungehindert werfen kann. Ich hoffe, damit besonders denen, die einen Fliegenfischerurlaub erstmals buchen wollen, einen nützlichen Hinweis gegeben zu haben.

Fliegenfischen in Skandinavien

So mancher Fliegenfischer, der vielleicht in einem dieser nordischen Länder seinen Angelurlaub verbringen möchte und zu Hause vor einer Landkarte sitzt, überkommt mit Sicherheit beim Studieren der vielen eingezeichneten Gewässer ein Gefühl von Freiheit und Abenteuer. Im Geiste sieht er sich sodann unrasiert und fern der Heimat allein oder mit Freunden im Wohncamper durch die Lande fahren und erfolgreich Lachs und Meerforelle fangen. Leider klappt das nicht immer und es wurde schon in vorhergegangenen Seiten speziell bei den Lachsen darauf hingewiesen, daß der Fischer die Aufstiegszeiten dieser Großsalmoniden genau kennen muß (siehe Seite 88). Anders bei Forellen und Äschen, diese werden ja so befischt, wie wir es von unseren heimischen Gewässern her gewohnt sind. Bei der Wahl der Kunstköder können wir dabei gleiche oder ähnliche Fliegen verwenden, wie wir sie sonst auch jahreszeitlich entsprechend einsetzen. Das ändert sich aber, je weiter im Norden (Polarkreis) gefischt werden soll. Bedingt durch die extrem langen Winter, und die sehr kurzen Sommer im hohen Norden, ist das Insektenangebot im Vergleich zu un-

Ein erfolgreicher Lachsangler.

Abend an der Mörrum.

seren Breiten eher bescheiden. Es gibt zwar Unmengen an Mücken im arktischen Sommer auf die wir noch zu sprechen kommen. Auf keinen Fall gibt es eine solche Vielzahl an Eintagsfliegen wie bei uns.

Einen Tip, der bestimmt nicht verkehrt ist, kann ich dem Fliegenfischer bei der Wahl der richtigen Fliege im hohen Norden geben: Forellen, Äschen, wie Saiblinge sind nahe dem Polarkreis sehr unersättlich, die oft unmöglichsten Fliegen und Reizköder sind dann mitunter fängig. Am besten sind hier dann sehr bunt gebundene Streamer (Augenstreamer). Leichtes Fluggerät ist nicht zu empfehlen. Die so oft beschriebene 5/6 Allroundrute ist hier das ideale Gerät. Außer einer Floating-Fliegenschnur sollte auf jeden Fall eine Naßschnur mitgeführt werden. Geht die Reise in entlegene Gegenden, so sollte der Flugangler darauf achten, daß er an Fliegenausrüstung und sonstigem Zubehör alles doppelt hat. Je weiter man sich von der Zivilisation entfernt umso schwieriger wird es werden, sich etwas Kaputtgegangenes nachzukaufen.

Auf keinen Fall, um auf die Mücken nochmals zurückzukommen, darf man taugliche Insektenmittel vergessen, die gegen die vielen kleinen Blutsauger schützen. Ohne diese Schutzmittel im Sommer kann sonst der Angelurlaub zu einer Leidenszeit werden. Nach dem ersten einsetzenden Frost, Ende August, Anfang September, sind die Plagegeister verschwunden.

Daß das Lachsfischen an der Mörrum sehr zu empfehlen ist, habe ich auf den Seiten 88f. erläutert. Sollte es nun dem einen oder anderen Fliegenfischer passieren, daß ihm das Glück beim Lachsfischen nicht hold ist oder Lachse nicht beißen, so bieten die etwa 20 Seen, die sich in der Nähe der Mörrum befinden, gute Bestände an teils sehr kapitalen Forellen, meist Regenbogenforellen auf. Das Angelsportgebiet ist etwa 30 km von Mörrum entfernt und heißt Harasjömåla, das bei Olafström liegt. Camping ist in diesem Gebiet mög-

lich. Für die Seenfischerei bekommt man die Lizenzen bei der dortigen Forstverwaltung. In einzelnen Seen kommt auch der Hecht in großer Zahl vor, wie kaum bei uns. Es ist lohnenswert, diese einmal mit großen Streamern zu befischen.
Passende Kunstköder (Fliegen), die in den Seen auch forellenfängig sind, können Sie in Mörrum, wie bei der Forstverwaltung bekommen. Speziell zu den nordischen Ländern möchte ich noch anmerken, daß man ausländischen Gastanglern gegenüber sehr freundlich und aufgeschlossen ist, doch werden Verstöße gegen Fischereibestimmungen meist mit Entzug der Lizenzen geahndet.

Fliegenfischen in Slowenien

Vielen Anglern ist Slowenien ein Begriff, wenn es ums Fliegenfischen geht. Daß sich aber das waidgerechte Fliegenfischen in besten Salmonidengewässern lediglich auf das Gebiet Slowenien bezieht, hat seinen Grund. In den anderen jugoslawischen Landesteilen, so sagte mir ein Freund, sei alles erlaubt, was in unseren Breiten unvorstellbar wäre; das heißt: Würmer, Maden, Pfrillen (Köderfischchen). Man kann sich vorstellen, wie schlecht es dadurch mit den Beständen aussieht. In Slowenien selbst, an der Gačka, Krka wie an Soča oder Unec, herrschen gepflegte Bedingungen. Die dortigen Fischerhotels sind voll und ganz auf die Fliegenfischer eingestellt und sind bemüht, dem Gast gute Bedingungen für den Fliegenfischer zu bieten. Dementsprechend aufwendig sind die Besatzmaßnahmen, die alljährlich durchgeführt werden, um die berühmten Forellen- und Äschenflüsse auf bestem Stand zu halten. Natürlich muß auch alles »gut« bezahlt werden. Ausländischen Fliegenfischern ist man sehr entgegenkommend, so daß der Zugang zu den Gewässern unkompliziert ist. Gefischt werden darf in den genannten und anderen bekannten Salmonideflüssen Sloweniens nur mit der Kunstfliege. In den guten Flüssen sind die Lizenzen nicht gerade billig. Besonders in der Soca liegen die Gebühren pro Tag teilweise um 100 DM. Das hört sich im Moment natürlich etwas viel an; man sollte aber bedenken, daß das Leben dort im Verhältnis zu skandinavischen Ländern, oder zu Österreich eher preiswert ist. Im übrigen darf der Fliegenfischer an den meisten Flüssen Sloweniens einen Tagesfang von drei Salmoniden behalten. Manche Angler lassen sich diese einfrieren, um sie dann in der Kühlbox mit nach Hause zu nehmen. Darüber kann man geteilter Meinung sein, doch warum sollte sich der Angler bei den enormen Lizenzkosten nicht wenigstens einen Teil des Fanges mit nach Hause nehmen.
Die beste Zeit zum Fischen in Slowenien ist das Frühjahr, besonders an der Gačka, wo Maifliegen vorkommen. Im Sommer ist es an den oft überfischten und sehr klaren Gewässern nicht sehr erfolgversprechend. Ende des Sommers (August und September) wird es dann wieder leichter, mit der Trockenfliege Fische zu fangen. Die Köcherfliege hat dann Saison, und Sedge Imitationen sind gefragt.
Manche slowenische Flüsse sind überwiegend quellgespeist. Daß heißt, hier ist im Frühjahr nicht mit Schneewasser zu rechnen. Speziell darüber sollte sich aber der Fliegenfischer informieren, um nicht, wie es auch in den Alpen im Frühjahr vorkommen kann, an einem schneewasserführenden Fluß anzukommen.
Einen nützlichen Hinweis möchte ich Anfängern im Fliegenfischen geben. Sollte man sich selbst nicht ganz schlüssig sein, wie und wo man am besten seinen Urlaub im Süden verbringen soll, ist es noch immer am vorteilhaftesten, sich einer Gruppe von Fliegenfischern anzuschließen. Es gibt auch professionelle Veranstalter und auch solche, die Slowenienreisen mit Kursprogrammen verbinden. Anzeigen dazu kann man in allen bekannten Fischereizeitschriften finden. Wie

Bachforelle kurz vor der Landung.

erwähnt, sind die Bestände am Salmoniden in den meisten Flüssen zwar sehr gut, doch viele Gewässer fließen sehr langsam und sind äußerst klar und obendrein noch dazu oft überfischt. Sich also jemandem anzuschließen, der für die meisten Fälle, wenn die Salmoniden auf nichts mehr beißen, doch noch einen Rat hat, ist dann schon gut. Wer will denn schon eine »Schneiderfahrt«.

Hat man als Neuling in den slowenischen Flüssen einmal Erfolg gehabt und dort die sehr umgänglichen Leute kennengelernt, wird man gerne wieder dorthin fahren – wie viele meiner Freunde, die jedes Jahr zum Fischen zu den herrlichen Flüssen Sloweniens reisen.

Abschließend noch eine Anmerkung zu den Hundebesitzern unter den Fliegenfischern: In den südlichen Ländern gibt es mit einem amtlichen Impfausweis für den Hund keinerlei Einreiseprobleme. In den skandinavischen Ländern ist seit Beitritt Schwedens und Finnlands zur EU die Einreise mit Hunden erleichtert worden. Dennoch ist es ratsam, vorher den Tierarzt zu konsultieren, um genaue länderspezifische Informationen zu erhalten.

Englands Quarantänebestimmungen sind immer noch sehr streng.

Knoten

Abschließend noch ein wichtiger Punkt in der Fliegenfischerei überhaupt. Die Leser, die vor ihrem Einstieg in die Fliegenfischerei schon aktiv mit Spinnrute, Angel oder Grundrute gefischt haben, werden wissen, was ich damit meine. Schlampig geknüpfte Blutknoten gehen mit Sicherheit sehr schnell auf. Besonders dieser Knoten muß sehr genau gemacht werden (mindestens 6 Windungen auf jeder Seite). Wir brauchen speziell diesen Knoten beim Fliegenfischen, wenn die Vorfachspitze zu kurz ist und wir diese verlängern müssen. Hier ist der Blutknoten nach wie vor die beste Lösung. Es gibt zwar noch andere Arten, wie man Vorfachspitzen verlängern kann, doch ein gut gebundener Blutknoten ist völlig ausreichend. Dasselbe gilt natürlich auch für Backingknoten und Vorfachmontage an der Fliegenschnur. Soll bei der Verbindung zwischen Vorfach und Fliegenschnur ein Nagelknoten dem altbewährten Flaggensteg (»Jam Knot«) bevorzugt werden, ist, um einen sauberen Nagelknoten zu machen, viel Zeit notwendig. Zur Rechtfertigung des doch ein wenig unschön wirkenden Flaggenstegs möchte ich sagen, daß dieser einmal sehr schnell und einfach auch am Wasser bei kalter Witterung zu machen ist (klamme Finger) und bombenfest hält. Ich verwende ihn auch beim Lachsfischen. Bei diesen harten Drills mit einem gehakten Lachs, die oft eine Stunde und länger dauern können, würde ich einem Nadelknoten nicht »trauen«. Allerdings gebe ich bei den Schnurverbindungen (Lachsfischen), wie bei den Verbindungen Vorfach-Fliegenschnur wie Fliegenschnur-Backline (Dacron) noch jeweils einen Tropfen Superkleber auf diese Knotenstellen, um auf Nummer Sicher zu gehen.

Fliegen montiert man am besten mit halben Blutknoten (Clinchknoten). Auch hier sollten mindestens 5 bis 6 Windungen gemacht werden (Abb. unten). Wir hatten uns eingangs und im Verlauf des Buches öfters auf Knoten bezogen, doch glaube ich, daß dieses Thema mit ein paar Hinweisen, die dazu gegeben wurden, besonders für Anfänger ausreichend sind, um Ihnen in Zukunft unnötigen Ärger mit Brüchen der Schnurverbindungen zu ersparen.

Gebräuchliche Knoten für den Fliegenfischer

›Jam Knot‹ (Flaggenstich)

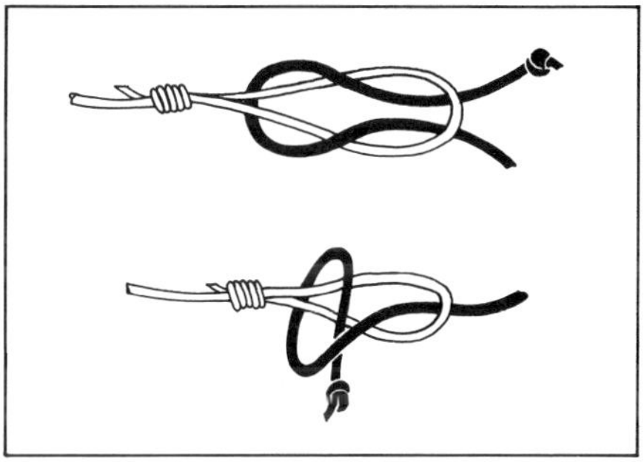

›Blood Knot‹ (Blutknoten)

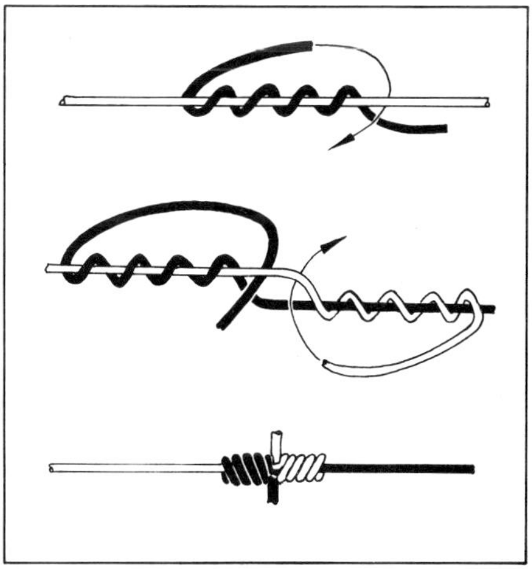

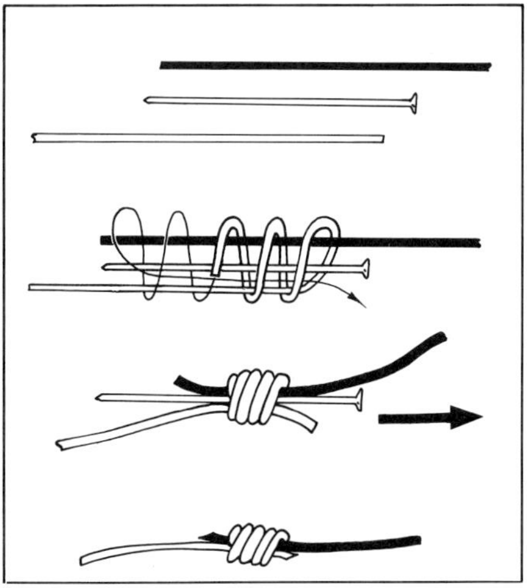

›Nail Knot‹ (Nagelknoten)

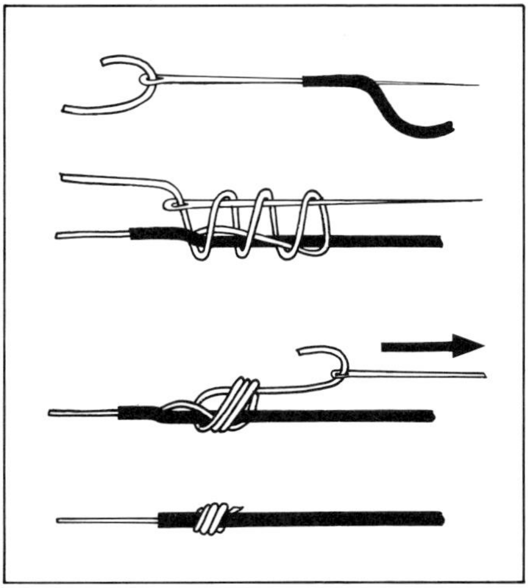

›Needl Nail Knot‹
(Nagelknoten mit eingezogenem Vorfach)

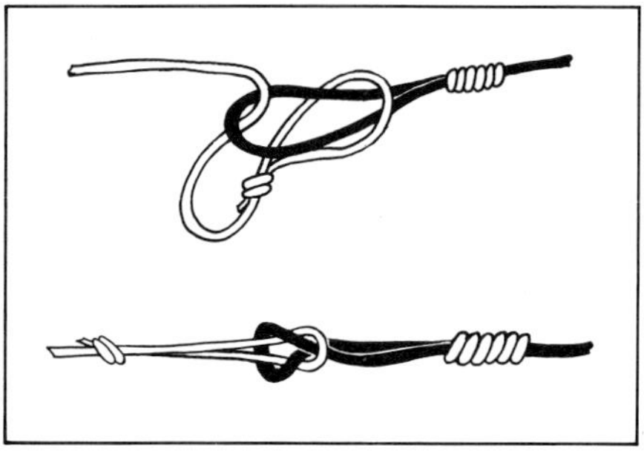

›Joining two-loops‹
(Verbindung zweier Schlaufen)

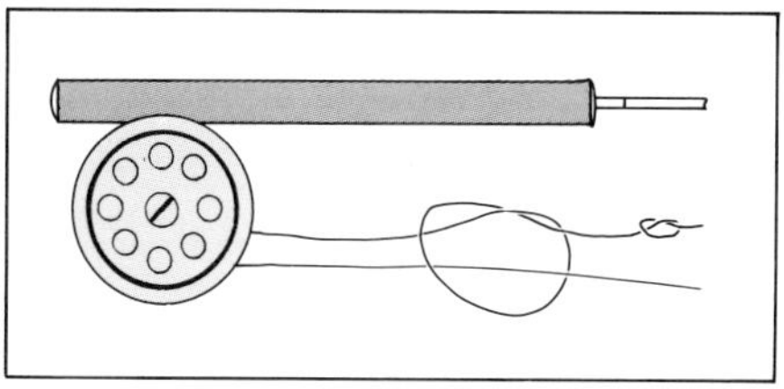

Befestigung der Backingleine an der Fliegenrolle

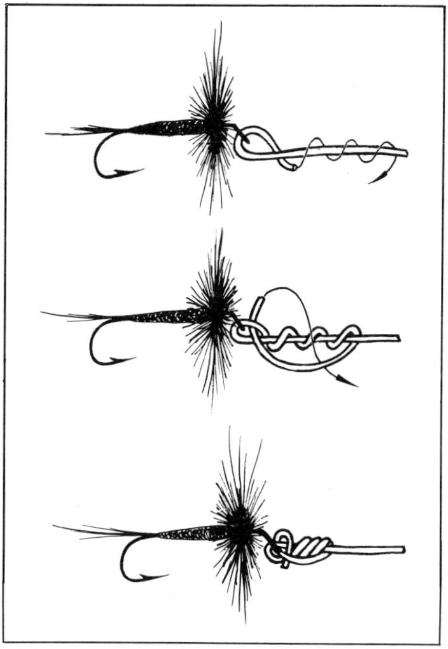

›Clinch Knot‹ (Clinchknoten)

Stichwortverzeichnis

Für die Angelpraxis

Mike Dawes
Handbuch Fliegenbinden
400 Muster für den Fliegenfischer zum Nachbinden
Schritt-für Schritt-Anleitungen mit vielen Zeichnungen und Fotos zum Binden aller international bewährten Fliegen – Nymphen, Trockenfliegen, Naßfliegen, Großfliegen, Streamers, Lachsfliegen.

Ekkehard Wiederholz
Angelerfolg an unbekannten Gewässern
Tageskarten-, Urlaubs- und Neugewässer
Grundwissen, um sich an fremden Gewässern orientieren zu können: gute Angelstellen, Angeltaktik und -technik, geeignete Geräte und Köder.

Wolfgang Schulte/Hans Eiber
Fliegenfischen in aller Welt
Von heimischen Flüssen zu fernen Traumgewässern · Erfolgreiche Techniken und Fliegenmuster
Spannende Erlebnisberichte mit brillanten Farbfotos, fundierte Informationen zu Ausrüstung, Taktik sowie probater Erfolgsfliegen, Praxistips zur Reiseplanung, Bildtafeln von Fliegenmustern und ihre Anwendungsbereiche.

Alexander Kölbing/Kurt Seifert
Richtig Angeln
Ausrüstung, Methoden, Angelfische des Süßwassers, Fischwasser, Umweltschutz, Gewässerwirtschaft, Fischerprüfung.

Kurt Seifert/Alexander Kölbing
So macht Angeln Spaß
Mehr wissen – mehr fangen
Handbuch der Angelfischerei: heimische Süßwasserfische mit Kennzeichen und Biologie, Angeltips, wirtschaftlicher Bedeutung; Angeltechniken und Geräte, rechtliche Bestimmungen.

Ekkehard Wiederholz
Die 150 besten Anglertricks
Grundangeln, Stippangeln und Posenfischen, Spinnangeln, Fliegenfischen, Bau von Kleingeräten
Aus der Trickkiste erfolgreicher Angler: bewährte Praxistips für Geräte und Zubehör, Köder, Fangtechniken und Verhalten am Wasser.